Saveur d'infini

les béatitudes

Du même auteur :

Des fois, je me demande…, Éditions Le Renouveau, Charlesbourg, 1989 (épuisé).

« Jésus m'a rencontré déjà… », Éditions Anne Sigier, Sainte-Foy, 1990 (épuisé).

Autour de l'arrivée de Jésus, Éditions Anne Sigier, Sillery, 1996.

Notre sœur Marie, Éditions Anne Sigier, Sillery, 1997.

Méditations « trans-sandales »… sur les pas de Luc, Édimag, Montréal, 1998

Et notre mère Marie, Éditions Anne Sigier, Sillery, 1999.

Imprimatur
+ Pierre Morissette
évêque de Baie-Comeau
en la fête du baptême du Seigneur
le 8 janvier 2001

Gaston Vachon

Saveur d'infini

les béatitudes

Préface de Madame Lise Thibault
Lieutenant-gouverneur du Québec

L'auteur exprime, d'une manière toute spéciale, sa reconnaissance :

– à Son Excellence Madame Lise Thibault, lieutenant-gouverneur du Québec, pour avoir si gentiment accepté de rédiger le « prologue » de ce volume,

– au père Michel Gourgues, o.p., pour avoir révisé, deux fois plutôt qu'une, le manuscrit sur le plan de l'exégèse,

– au père Dollard Sénécal, s.j., qui a eu la patience de relire tout le manuscrit original et d'en avoir épuré l'expression écrite.

Pour alléger le texte et en faciliter la lecture, nous avons utilisé le générique « homme » pour nous référer à l'espèce humaine. Il faudra comprendre que ce terme désigne l'homme et la femme. Il en va de même pour les pronoms et les adjectifs.

Édition   Éditions Anne Sigier
              1073, boul. René-Lévesque Ouest
              Sillery (Québec) G1S 4R5

Couverture   Index Stock Imagery / Réflexion

ISBN 2-89129-332-0
Dépôt légal : 1ᵉʳ trimestre 2001
Bibliothèque nationale du Québec
Bibliothèque nationale du Canada

Imprimé au Canada

Distribution en France et en Belgique par Anne Sigier – France.

Site Web : www.annesigier.qc.ca

Les Éditions Anne Sigier reconnaissent l'aide financière du gouvernement du Canada par l'entremise du Programme d'aide au développement de l'industrie de l'édition (Padié). Les Éditions Anne Sigier reconnaissent également l'aide financière du gouvernement du Québec par l'entremise de la Société de développement des entreprises culturelles (SODEC).

À mes neveux et nièces de sang,
à mes neveux et nièces par alliance,
à mes arrière-neveux et arrière-nièces
qui réinventent,
à leur tour et à leur manière,
la route du bonheur.

Je parle de souffrance
Car Je parle aux humains
Je leur dis que dans leur misère
Ils Me rejoignent
Que dans leurs tourments
Ils s'approchent de Moi
Qu'il n'est nul autre chemin
Pour grandir
Que tout dans la vie
A un sens
Même la peine la plus ingrate
Même les crises les plus fortes
Malgré le fait que Je les veuille heureux

Le bonheur à ce compte
N'est possible que dans la liberté du cœur
Dans son humilité
Dans cet abandon à Mon incommensurable Amour
Tel un enfant, un pauvre, un endeuillé

Bienheureux, bienheureux
L'esprit va au-delà de la matière
La pensée, au-delà de l'acte
L'âme, au-delà du corps

Lise Thibault
Lieutenant-gouverneur du Québec
19 décembre 2000

*I*ntroduction

QUE S'EST-IL PASSÉ à la fin du Sermon sur la montagne? L'évangéliste Matthieu conclut par ces mots significatifs : *« Or, quand Jésus eut achevé ces instructions, les foules restèrent frappées de son enseignement ; car il les enseignait en homme qui a autorité et non pas comme leurs scribes »* (*Mt* 7,28-29). Un enseignement livré avec autorité !

J'essaie d'imaginer ce qui a pu se passer concrètement à la fin de cet enseignement. Un long silence comme après une homélie qui a rejoint les cœurs? Des regards qui traduisent l'approbation? Des têtes baissées, perdues dans leurs réflexions? Des personnes qui s'étirent, se redressent, époussettent leurs vêtements et se préparent à retourner à la maison? Des enfants qui s'inquiètent pour le repas? Des auditeurs qui, comme aujourd'hui, s'approchent du conférencier pour quelques petits mots personnels?

Un discours qui résonne dans les cœurs comme un mouvement inachevé. Des paroles qui éveillent des harmoniques dont les vibrations ont traversé les siècles. Une révélation qui continue, aujourd'hui même, de bouleverser et de provoquer des changements de vie. Une manière nouvelle d'envisager la relation à Dieu et avec le prochain. Une grande bouffée d'air frais qui fait virevolter les feuilles séchées d'un légalisme décourageant.

Le message des béatitudes va changer le monde… et continue de le changer dans la mesure où il commence d'abord par changer le cœur de la personne qui l'entend et le prend au sérieux. C'est un appel répété à un « plus loin », à un « plus profond ». C'est une invitation à entrer dans un dynamisme enthousiasmant, mais décapant et exigeant. Ce terrain ne peut être délimité par des mesures restrictives. Ce message est une recette aux mesures « ouvertes ».

De temps à autre, quand nous demandions à ma mère quels étaient les ingrédients qui entraient dans la composition d'une recette à notre goût, elle nous répondait rapidement en nous dressant la liste des différents éléments de ce plat. C'était relativement facile à suivre. Mais la situation se compliquait sérieusement au moment d'indiquer la quantité requise pour chaque ingrédient. « Et quelle quantité de sucre, de farine, de telle épice, etc. ? » Et la réponse jaillissait souvent formulée de la même manière : *« Un petit peu plus que moins… ! »* Sans le savoir, elle venait de donner l'esprit des béatitudes.

Elles ne sont pas faites pour être admirées de loin, car elles risquent alors d'apparaître comme un beau texte littéraire. Elles sont là pour être endossées, adoptées et vécues dans l'ordinaire de la vie. C'est ainsi qu'elles rayonneront d'éclats toujours renouvelés.

Elles permettent d'atteindre l'objectif fixé par Jésus Christ : *« Soyez parfaits comme votre Père céleste est parfait »* (Mt 5,48). Elles présentent un bonheur qui ne s'achète pas, mais qui est reçu de Dieu. Le terme « bienheureux » qui marque le début de chacune d'elles évoque un dynamisme, une mise en route.

La présentation que j'en ferai n'est pas inédite[1]. Elle se développe en trois volets : le bonheur en relation avec Dieu et certains comportements à l'endroit de Dieu *(Bienheureux les pauvres de cœur, bienheureux les affamés et assoiffés de justice, bienheureux les purs quant au cœur),* le bonheur en relation avec le prochain et certains comportements à l'endroit du prochain *(bienheureux les doux, bienheureux les miséricordieux, bienheureux les artisans de paix),* le bonheur en relation avec une certaine espérance dans des situations très spécifiques *(bienheureux ceux qui pleurent, bienheureux ceux qui sont persécutés pour la justice, bienheureux êtes-vous si l'on dit faussement…).*

Pour permettre un approfondissement de ces textes, à la fin de la réflexion sur chacune des béatitudes, je pose quelques questions favorisant l'intériorisation.

Les béatitudes, une fois qu'elles ont pris racine dans le cœur d'une personne, se développent et en viennent à produire

---

1. Je dois beaucoup à l'ouvrage de Michel Gourgues : *Foi, bonheur et sens de la vie. Relire aujourd'hui les béatitudes,* Médiaspaul, Montréal/Paris, 1995.

des fruits originaux, porteurs de l'empreinte ou de la couleur de la personne qui les cultive. Mais il ne faut pas perdre de vue le sens premier et profond de même que l'originalité de ce message proclamé par Jésus. Il faut y revenir régulièrement.

> Entrez dans la longue cohorte de ceux qui se laissent transformer par le Christ. L'herbe et les pierres de la colline vous attendent comme au premier jour. Après vous être assis un moment aux pieds du Maître, vous n'aurez rien de plus important à faire que de vous mettre en marche et de faire que les béatitudes portent désormais vos couleurs personnelles. Qu'elles témoignent de votre être essentiel. Et revenez vous asseoir un moment, aussi souvent qu'il le faudra : ne vous laissez pas égarer [2].

À nous de faire fleurir le rêve de Dieu. Comme le disait saint Bernard, « la mesure de l'amour, c'est d'aimer sans mesure ». Il en est ainsi pour les béatitudes... *Un petit peu plus que moins!*

---

2. Bernard Rérolle, *Dynamique des béatitudes,* Centurion, Paris, 1993, p. 160.

Chapitre 1

« *Soyez parfaits comme votre Père céleste...* »

Mt 5,48

Jésus a tout porté à sa perfection. Non seulement la loi, comme il le mentionne lui-même : *« Je ne suis pas venu abolir la loi, mais l'amener à sa perfection »* (*Mt* 5,17), mais aussi l'offrande de l'ancienne Alliance présentée à Dieu — bœufs, boucs, agneaux, oiseaux —, en devenant lui-même cette offrande de choix à son Père. Il a révélé que le nouveau temple était maintenant construit de pierres vivantes. La loi ancienne est remplacée par la loi de l'Esprit qui fait des enfants de Dieu des êtres libres. Il a tout amené à sa perfection.

Il n'est pas venu abolir la loi de Moïse, qui se concentre plus particulièrement dans les « commandements de Dieu », mais il a conduit cette loi à son achèvement, à sa perfection dans « les béatitudes ». Les béatitudes n'annulent pas les commandements de Dieu, mais leur donnent une perspective nouvelle et les amènent à un dépassement imprévu. Une question de plus en plus lancinante m'interpelle profondément : « Sommes-nous enfin arrivés au temps des béatitudes ou sommes-nous encore immobilisés dans l'Ancien Testament ? »

Les béatitudes nous révèlent à nous-mêmes et nous font part de cette nouvelle inattendue : nous avons de plus grandes capacités que nous ne le croyons. Si Jésus nous propose les béatitudes, c'est qu'il connaît les capacités de notre cœur pour que nous agissions à la manière de Dieu. Et cela doit se traduire dans le concret de la vie, autrement, « ce sont des dévotions en l'air », pour reprendre une belle expression de Marie de l'In-carnation. La vie chrétienne est une vie à ras de terre, dans le concret, et se vit au quotidien. Il faut certes aller chercher les forces sur le prie-Dieu, mais pour agir dans le train-train quotidien, pour agir à la manière de Dieu, pour «avoir l'air» de Dieu ou, pour reprendre l'expression même de Jésus, «pour être parfaits comme notre Père céleste» (*Mt* 5,48).

Tant qu'à mettre la marche haute, aussi bien y aller sans hésitation : il nous faut ressembler au Père du ciel. C'est beau en théorie, mais, concrètement, à quoi cela peut-il bien rimer ? *« Tout m'a été remis par mon Père. Nul ne connaît le Fils si ce n'est le Père, et nul ne connaît le Père si ce n'est le Fils, et celui à qui le Fils veut bien le révéler »* (*Mt* 11,27).

Comment découvrir le portrait du Père afin de s'y ajuster ? La réponse nous vient du texte même des béatitudes. En effet, avant d'être un code de morale et d'éthique, une façon de faire, une manière de se comporter, ce texte nous livre le portrait même de Jésus. Pour en avoir la preuve, il suffit de répondre à un tout petit questionnaire.

Qui est le pauvre par excellence ? Jésus.

Qui est le doux par excellence ? Jésus.

Qui est l'affamé d'ajustement à la volonté et au projet du Père ? Jésus.

Qui est celui dont le cœur n'admet aucun compromis ? Jésus.

Qui est le miséricordieux au pardon sans cesse renouvelé ? Jésus.

Qui est l'artisan de paix travaillant à ce que chacun ait la vie en plénitude ? Jésus.

Qui console ceux qui pleurent ? Jésus.

Qui est persécuté pour la justice et la vérité ? Jésus.

« Si les béatitudes échappent au simple code moral et, par voie de conséquence, à l'exploitation politique qui peut en être faite, c'est que leur point d'équilibre s'enracine en la personne même de Jésus [1]. » Cependant, une fois ces réponses alignées, le problème demeure presque tout entier. Comment ressembler au Père ? La réponse s'avère pourtant toute simple. En ressemblant au Fils. Au moment du grand discours de Jésus à ses disciples pendant le dernier souper qu'il partageait avec eux, en plein milieu des confidences que Jésus leur livrait, voici que Philippe – possédant un esprit pratique et posant ses questions d'une manière directe –, s'adresse à Jésus : *« Seigneur, montre-nous le Père et cela nous suffit »* (Jn 14,8). En s'exprimant ainsi, Philippe dévoilait une aspiration profonde qui habite le cœur de toute personne : voir Dieu. Cependant, la réponse de Jésus est surprenante, mais combien éclairante : *« Je suis avec vous depuis si longtemps, et cependant, Philippe, tu ne m'as pas reconnu ! Celui qui m'a vu a vu le Père. Pourquoi dis-tu : ‹ Montre-nous le Père ? › »* (Jn 14,9).

Comment adopter « les airs de mon père », comment être parfait comme le Père céleste est parfait, comment lui ressembler, si je ne sais trop quel air il a ? Comment Jésus peut-il raisonnablement imposer pareille exigence ?

---

1. Isabelle Chareire, « Les Béatitudes, espace de vie théologale », en *Lumière et Vie* (234), juin 1997, p. 87.

Un air de famille ne découle pas seulement des traits physiques, mais aussi des ressemblances de comportement.

Regardez-moi agir et vous saurez comment agit le Père. *« Qui me voit voit le Père. »* Voilà la réponse.

Avant d'être un code de morale, les béatitudes sont le portrait du cœur de Dieu en révélant le cœur de Jésus. Lire les béatitudes, c'est lire le cœur de Dieu comme Jésus lui-même le décrivait en les disant. En vivant les béatitudes, je me forge un cœur qui ressemble de plus en plus à celui du Père et je réponds ainsi à l'invitation de Jésus : *« Soyez parfaits comme votre Père céleste est parfait. »*

Chapitre 2
La notion du bonheur...

JE ME PLAIS à essayer d'imaginer ce qui a pu se passer en Palestine il y a près de deux mille ans, lorsque Jésus a prononcé le début de ce discours. Selon le témoignage de Matthieu, Jésus commence par gravir la montagne. Après avoir pris un peu d'altitude, il s'assoit, comme les maîtres de ce temps-là. Ce qu'il a à livrer revêt une grande importance. La foule attend. Que va-t-il dire, lui *« qui enseigne en homme qui a autorité et non pas comme leurs scribes »* (Mt 7,29) ?

Et le message jaillit tout droit de son cœur, pénètre le cœur de ceux qui l'écoutent et traverse les temps. Un message qui nous arrive, aujourd'hui, en plein cœur. Un message porteur d'espérance. Un message qui, en ce temps-là, venait répondre à un désir profond de bonheur que les gens de Palestine portaient dans leur cœur. La foule présente pour écouter Jésus devait se composer, en grande partie, de petites gens, de gens au cœur vaillant, généreux, de gens attachés aussi à la loi de Dieu, la Thora, qu'ils s'efforçaient d'observer du mieux qu'ils le pouvaient. Il faut cependant admettre qu'il leur arrivait de se perdre dans toutes les complications qu'on avait élaborées à partir de cette même loi. À travers tous ces commentaires, ces règlements, ces interprétations parfois opposées, comment en arriver à déterminer ce qui est essentiel et important ? Ces gens attendent un message qui leur remette le cœur à l'endroit, qui leur redonne plein de courage.

Dans cette foule bigarrée, nous avions pris place, près de Jésus. Tout comme aujourd'hui. Et Jésus, à nouveau, reprend ce message de bonheur, qui répond à cette soif profonde qu'il y a dans chacun de nos cœurs, à ce désir, finalement, d'être heureux et de l'être à plein.

L'énoncé même des béatitudes ne se lit pas sans une certaine surprise. Laissons un instant ces affirmations résonner dans notre cœur comme une nouveauté jamais entendue. Jésus affirme bel et bien : «Bienheureux les pauvres… bienheureux ceux qui acceptent d'être persécutés… bienheureux ceux qui ne se fatiguent pas de pardonner… bienheureux ceux qui pleurent. » Discours pour le moins original et surprenant !

Comment concilier bonheur et malheur ? Faudrait-il alors comprendre que tout va très bien quand tout va mal ? À cet égard, je préfère de beaucoup le jugement rempli de sagesse de l'une de mes tantes qui avait dit un jour à ma mère – je ne me souviens plus trop de quoi elles discutaient : «C'est vrai, Noëlla, on est donc mal quand on n'est pas bien. » Une logique en pleine santé qui me rejoint et qui a du corps. On est donc mal quand on n'est pas bien ! Et voilà que Jésus intervient en affirmant : «Vous êtes bien (heureux) quand ça va mal. » Pas facile à prendre et à avaler. Que veut-il dire à travers ces formules paradoxales ?

En quoi ces affirmations complétaient-elles la réflexion du peuple de Dieu sur sa vision du bonheur ?

Au départ, le bonheur recherché pouvait paraître très terre à terre, comme en font foi les textes suivants : *«Le Seigneur te donnera le bonheur en faisant surabonder le fruit de ton sein, de tes bêtes et de ton sol, sur la terre que le Seigneur a juré de donner à tes* pères » (Dt 28,11) ; « *Ils demeureront chacun sous sa vigne et son figuier, et personne pour les troubler, car la bouche du Seigneur a parlé* » (Mi 4,4) ; « *Voici que viennent des jours — oracle du Seigneur — où le laboureur suit de près celui qui moissonne, et le vendangeur celui qui sème ; où les montagnes font couler le moût et chaque colline ruisselle ; je change la destinée d'Israël mon peuple ; ils rebâtissent les villes dévastées, pour y demeurer ; ils plantent des vignes, pour en boire le vin ; ils cultivent des jardins, pour en manger les fruits* » (Am 9,13-14).

Peu à peu, cette vision du bonheur embrasse un horizon plus vaste et rejoint les relations interpersonnelles : « *Heureux... qui a trouvé un ami véritable* (Si 6,14), *qui a échappé aux mauvaises langues* (Si 28,19), *l'époux d'une femme excellente et pleine de bon sens* (Si 26,1), *celui qui comprend le pauvre et l'indigent et en a pitié* » (Ps 41,2), pour étreindre des valeurs relatives au jugement, à la sagesse et même à la relation avec Dieu : « *Heureux... qui a trouvé la prudence et raisonne avec intelligence* (Si 25,9), *qui acquiert la sagesse* (Pr 3,13), *qui écoute la sagesse et médite sur elle* (Pr 8,34), *celui dont la faute est pardonnée ou que le Seigneur corrige* (Ps 94,12), *ceux qui craignent le Seigneur* (Si 34,15), *plus encore le familier, l'élu qui habite en sa maison* » (Ps 84,5).

Petit à petit pointe et s'affirme cette idée que ce bonheur n'est pas individualiste, mais qu'il est collectif : « *Heureux le peuple dont Dieu est le Seigneur* » (Ps 144,15).

Il n'y a pas lieu ici de tracer les grands traits d'une autre piste au sujet de la notion du bonheur chez le peuple de Dieu, mais soulignons tout simplement qu'on a pendant longtemps

associé d'une manière très étroite sainteté-bonheur-bénédic-
tion et péché-malheur-malédiction. La prospérité, la réussite,
la santé étaient considérées comme la reconnaissance officielle
d'une bonne vie, tandis que la pauvreté, l'échec, la maladie
étaient la manifestation évidente d'une vie désordonnée.
Qu'on songe à la question des disciples à Jésus devant l'aveugle
de naissance : « *Rabbi, qui a péché pour qu'il soit né aveugle, lui ou
ses parents ?* » (*Jn* 9,2), ou encore à cette petite remarque «inno-
cente» dans certaines vies de saints ou de saintes : né(e) de
parents pauvres mais honnêtes... Et il ne faudrait pas creuser
très profond pour voir apparaître dans un certain courant de
prédication quelque vision de ce type.

La Bible présente un cas assez patent de cette façon de voir,
celui de Job. L'image qui en surgit spontanément est celle d'un
pauvre homme assis sur un tas de fumier, abandonné de tous et
qu'on vient invectiver pour lui faire reconnaître ses fautes
cachées. Pareille situation ne peut être, en effet, que le résultat
d'une vie totalement détournée de l'enseignement de Dieu. Et,
au moment même où il clame son innocence à qui veut bien
l'entendre, les malheurs continuent de s'abattre sur lui et il en
vient à perdre tout ce qu'il possède, ses enfants aussi bien que
son bétail. Pratiquement découragé, Job en appelle sans cesse à
la justice de Dieu et lui demeure attaché. Devant pareille fidélité, Dieu ne demeure pas insensible. Le récit s'achève sur une
note plus heureuse, comme un beau conte qui ne peut mal se
terminer : Dieu lui accorde bonheur par-dessus bonheur. Bonheur relié à des réalités fort matérielles tout d'abord, puisque
son troupeau sera pleinement reconstitué : « *Le Seigneur bénit les*

nouvelles années de Job plus encore que les premières. Il eut quatorze mille moutons et six mille chameaux, mille paires de bœufs et mille ânesses » (Jb 42,12-13). Bonheur des liens familiaux reconstitués, puisque Dieu lui accorde à nouveau sept fils et trois filles. Le texte précise même *« qu'il n'y avait pas dans tout le pays d'aussi belles femmes que les filles de Job, et leur père leur donna une part d'héritage avec leurs frères[1] »* (Jb 42,15). Si les filles étaient aussi belles que leurs noms étaient originaux, il y a certes de quoi faire rêver... *« La première, il la nomma Tourterelle, la deuxième eut nom Fleur-de-cannelle et la troisième Ombre-à-paupière »* (Jb 42,14). Et comme prime au « remboursement », *« Job vécut encore après cela cent quarante ans, et il vit les fils de ses fils jusqu'à la quatrième génération »* (Jb 42,16). Et l'auteur complète par cette affirmation : *« Puis Job mourut vieux et rassasié de jours »* (Jb 42,17)... On s'en doutait quelque peu !

Tout au long de son histoire, le peuple de Dieu réfléchit sur cette notion du bonheur. Les événements ont successivement coloré et marqué l'idée que les gens se faisaient de cette réalité. Jésus vient compléter en quelque sorte tout ce long processus de réflexion. Rompant, cependant, avec une vision trop étroite d'un bonheur relevant du mérite, Jésus affirme que le bonheur qui est accordé est gratuit, imprévu. Ce n'est pas quelque chose auquel on aurait droit, qu'on pourrait revendiquer en raison des mérites accumulés. Il est reçu gratuitement, comme

---

1. Selon le droit israélite, les filles ne recevaient une part d'héritage que s'il n'y avait pas de fils (*cf.* Nb 27,1-11).

à l'improviste, comme une surprise, mais il exige une collaboration de notre part.

> Le bonheur humain n'est pas donné comme une réalité toute faite : il est remis entre nos mains, non pas tant sous la forme où il nous faudrait le « mériter », mais sous cette autre forme que son accueil en nous exige la patiente refonte de nos puissances de comprendre et d'aimer [2].

Et ce grand bonheur, c'est Dieu lui-même. Voilà ce qu'affirme la deuxième partie de chacune des béatitudes. Pour éviter de nommer Dieu lui-même, diverses formules sont utilisées, mais le sens demeure le même : *« le royaume des cieux est à eux, ils recevront la terre promise, ils verront Dieu, ils seront rassasiés, ils seront consolés... »* Dieu viendra à eux, Dieu s'occupera d'eux. Dieu se fera proche d'eux.

Une dernière remarque pour terminer ce chapitre. Il arrive parfois que des personnes, dans un grand élan de spiritualité désincarnée, se mettent à dédaigner tout ce qui a trait aux bonheurs matériels qu'on rencontre au jour le jour, oubliant du même coup que ce sont là, bien souvent, des délicatesses du Seigneur, des clins d'œil de Dieu. Et l'on en vient à n'espérer que des coups d'éclat extraordinaires, à ne rechercher que du merveilleux comme preuve de la présence de Dieu...

Quels sont les derniers « petits bonheurs » cueillis au cours de la journée ? Un sourire d'enfant, un mot de reconnaissance,

---

2. Pierre-Jean Labarrière, s. j., « L'Homme des béatitudes », dans *Christus 63*, tome 16 (1969), p. 365.

un appel téléphonique, une carte postale, une visite imprévue, un repas partagé avec des amis... Même si elle n'est pas texte d'évangile, la chanson de Félix Leclerc, *Le P'tit Bonheur*, devrait nous interpeller en ce sens... :

> C'était un p'tit bonheur
> Que j'avais ramassé
> Il était tout en pleurs
> Sur le bord d'un fossé
> Monsieur, ramassez-moi
> Chez vous emmenez-moi...

Chaque soir, dans la révision de la journée, il faut non pas simplement faire l'addition de nos bêtises et de nos erreurs, mais il faut aussi – pour rendre justice à Dieu –, reconnaître tous ces petits « miracles » que le Seigneur a semés sur nos routes de l'ordinaire. Cueillir tous ces petits bonheurs aide à traîner notre malheur !

Dans la prière jaillie de son cœur, Jésus s'est fait suppliant pour des réalités spirituelles comme la sanctification du nom de Dieu, la venue du Règne de Dieu, la réalisation de sa volonté. Il n'a cependant pas dédaigné de demander aussi le pain de chaque jour, c'est-à-dire tout ce qui est nécessaire pour qu'une vie humaine soit digne de ce nom. Une dignité qui ne fait pas abstraction du pardon des offenses. Une vie orientée aussi sur le point de vue de Dieu, d'où la nécessité d'être protégés et libérés des points de vue et des manèges du Malin, qui ne sont pas les manières de faire de Dieu.

La prière enseignée par Jésus, tout en exprimant une totale confiance en la Providence, ne dispense pas des efforts à fournir pour emboîter résolument le pas à sa suite.

Chapitre 3

« *Bienheureux...*

bienheureux... »

UNE ÉTUDE même sommaire des béatitudes nous révèle une certaine particularité au départ. Le premier membre de la phrase ne possède pas de verbe. Cependant, le sens ne peut manquer de sauter aux yeux : les pauvres, les doux, les affamés de justice, etc., sont déclarés heureux, maintenant, tout de suite. Il ne s'agit pas, en effet, d'une bénédiction pour appeler le bonheur. Il s'agit ici d'une formule toute spéciale, *le macarisme* (du grec *makarios,* bienheureux), qui reconnaît le bonheur comme présent. Une sorte de félicitations pour celui qui le possède. « Peut-être que celui-ci ne s'en rend pas compte et a à en prendre conscience. Mais il est heureux [1]. »

Une précision s'impose : le bonheur dont il est question dans le texte évangélique ne s'apparente pas à la vision du bonheur véhiculée et étalée sous toute forme de publicité et de propagande modernes, caractérisée par l'absence de toute souffrance ou de tout problème, par la satisfaction effrénée de tous les désirs ou encore par une espèce d'euphorie. Le bonheur proposé dans les béatitudes n'exclut pas nécessairement la souffrance ou la privation.

Jésus a promis une joie pleine, profonde, qui déborde. *« Je veux que ma joie soit en vous et que votre joie soit parfaite »* (Jn 15,11), tout comme il avait affirmé : *« Moi, je suis venu pour que les hommes aient la vie et qu'ils l'aient en abondance »* (Jn 10,10). Pas de demi-

---

1. Voir : Marcel Dumais, o. m. i., « Sermon sur la montagne », dans *Suppl. Dict. Bible* XII 69 (1994), col. 787-789. Voir aussi : Marcel Dumais, *Le Sermon sur la Montagne. État de la recherche, interprétation, bibliographie,* Paris, Letouzey et Ané, 1995.

mesures, mais l'abondance, la surabondance même. À la manière de Dieu dans sa création.

Regardez autour de vous : un coucher de soleil aurait pu suffire pour nous émerveiller, la nature les multiplie à longueur d'année. Un lever du jour avec son calme, son soleil qui perce la nuit et fait renaître l'espérance de la vie seraient suffisants pour nous habiller le cœur de confiance… Et l'expérience se renouvelle depuis des millions de matins. Il aurait suffi d'une fleur pour nous prouver la capacité de Dieu à créer la vie… Il en a semé à profusion, de toutes couleurs et de tous parfums, et même là où personne ne les remarque. Un sourire d'enfant aurait suffi pour nous réchauffer le cœur… il y en a en abondance par toute la terre. Et Jésus qui continue cette « exagération » : il multiplie les pains et il en reste ; il improvise une cuvée de vin exceptionnel, à la toute fin d'une noce. Six cents litres, comme ça… pour que la fête continue…

Et il se démentirait quand il s'agit du bonheur ?

Le bonheur proposé n'est pas un bonheur superficiel, une sorte de maquillage servant à camoufler une souffrance ou une vie triste. Au contraire, ce bonheur proposé par Jésus est profond et doit, normalement, envahir petit à petit toutes les dimensions de la personne et se répercuter tant dans le cœur que dans l'attitude extérieure.

Le bonheur que Jésus propose est le bonheur même qui l'habite. Sa joie, il la puise dans l'ajustement de sa vie au rêve de Dieu sur lui. Sa joie trouve sa source dans sa confiance inébranlable au soin que le Père prend de lui, malgré les apparences tragiques de la fin de sa vie.

Jésus commence donc son discours par cette affirmation : « *Bienheureux... Ils sont heureux...* » les pauvres, les doux, les affligés, les persécutés, les miséricordieux... Comment interpréter ce « bienheureux » ?

Deux significations et une troisième peuvent être avancées.

Une première : ils sont bienheureux... Ils ont de la chance, ceux-là qui sont pauvres, qui sont persécutés, etc. Ils ont de la veine (il faudra bien préciser dans quel sens, car ce n'est pas évident de prime abord)... Ils ont le bon billet pour le gros lot.

Une deuxième : ils sont bienheureux... Ils ont une belle personnalité. Ils ont un cœur et une vie qui méritent estime et considération. Ce deuxième sens se rapprocherait du bien-être accordé à ceux qu'on « béatifie ». Il y a dans leur vie une manière exceptionnelle d'accueillir et d'y retrouver la présence de Dieu.

Et une troisième. Les deux premières significations risquent, si l'on n'y prend garde, de donner une impression de « déjà arrivé », de « c'est complet », de quelque chose de statique, alors que l'esprit des béatitudes invite au dynamisme, à l'élan, à la continuité, à la poursuite. En ce sens, j'emprunte à André Chouraqui la traduction adoptée pour le terme « bienheureux », soit *en marche* !

Pour saisir tout le dynamisme et la force de cette expression, on peut faire référence au domaine sportif. Ainsi, lorsqu'un joueur de hockey s'empare de la rondelle et file tout droit vers le filet du club adverse, ses partisans vont l'encourager en lui criant : « Vas-y ! Continue ! Lâche pas ! Tu vas l'avoir ! » Le joueur est sur la bonne voie, il va dans la bonne direction, il est bien orienté, mais il n'a pas encore atteint le but. Il lui faut persévérer. En marche !

C'est dans cette perspective que Jésus nous invite à prendre la route des béatitudes. En marche ! Si vous êtes pauvres, si vous êtes affamés et assoiffés de justice, si vous êtes purs quant au cœur, si vous êtes doux, miséricordieux, artisans de paix, si vous êtes dans la peine, si vous êtes persécutés à cause de Jésus… en marche ! Continuez ! Le bonheur est à votre portée.

En reprenant une à une les béatitudes de Matthieu, essayons maintenant de découvrir le sens que Jésus leur donne pour notre vie d'aujourd'hui.

Chapitre 4

« Bienheureux les pauvres... »

QUE LA PAUVRETÉ soit une source de bonheur ne relève pas de l'évidence. Les gens se trouvent-ils heureux quand, par exemple, ils n'ont plus d'argent pour payer leurs comptes? Est-on tellement heureux quand on n'a pas ce qu'il faut pour payer ses meubles, la note d'électricité ou le compte de téléphone? Éprouve-t-on de la joie quand on n'a pas suffisamment d'argent pour s'acheter un article qu'on juge nécessaire? ou quand on doit sacrifier ses vacances parce qu'on a dû effectuer certaines réparations dans sa maison?

Est-ce source de bonheur que de manquer d'argent pour se payer un petit voyage ou un déplacement qui serait pourtant nécessaire pour refaire sa santé? Et les parents qui ont du cœur et qui voudraient venir en aide à leurs enfants, mais qui n'ont pas un sou noir qui les adore, en éprouvent-ils de la joie? Et les pères et mères de famille qui s'éreintent en occupant deux ou trois emplois pour boucler un maigre budget, sont-ils heureux?

Ils ont de la chance, les pauvres? Ils sont bienheureux? Allez-y voir!

Et pourtant, Jésus a bel et bien affirmé: «Bienheureux les pauvres...» Quel écho cette proclamation a-t-elle provoqué dans le cœur des personnes qui l'ont entendue de la bouche de Jésus?

En présentant la béatitude sur la pauvreté, Luc n'apporte aucune précision au sujet des pauvres (*Lc* 6,20), contrairement à Matthieu, qui précise «... de cœur», littéralement «les pauvres par l'esprit ou en esprit [1] » (*Mt* 5,3). Qui étaient ces pauvres ?

Ils étaient de la même farine que les pauvres d'aujourd'hui ! Bien sûr, les pauvres du temps comprenaient d'abord ceux qui manquaient « d'argent », mais on peut aussi les définir comme étant ceux qui occupaient une place inférieure dans la société, ceux qui étaient considérés comme négligeables, ceux dont l'opinion comptait peu : « Ça ne vaut pas la peine de leur demander ce qu'ils en pensent ; ils ne sont pas assez intelligents pour comprendre. »

Les pauvres marchent du côté de la rue et attrapent toutes les éclaboussures des automobilistes… servant de pare-boue à ceux qui déambulent du côté des résidences. Ils n'ont pas les moyens de s'épargner les coups, et la misère se plaît à les ronger. À l'occasion d'une consultation populaire, on les ignore complètement ou bien, s'ils expriment leurs besoins, une réponse pincée viendra clore le débat : « Fort intéressant ! Nous allons prendre le tout en sérieuse considération, bien que, pour le moment, ça ne fasse pas partie des priorités… prioritaires. »

Dans la Bible, les pauvres, ce sont aussi ceux que la nature n'a pas gâtés au point de vue apparence (bien que les canons de la beauté soient très relatifs…), comme si on avait l'intelligence et le jugement logés dans l'épaisseur de la peau. Est-ce la

---

1. Cet esprit n'est pas le Saint-Esprit ni l'intelligence, mais, comme le cœur au v. 8, le centre et le tout de la personne : *« Le Seigneur est près de ceux qui ont le cœur brisé, et il sauve ceux qui ont l'esprit dans l'abattement »* (Ps 34,19).

faute de cette personne si le nez, parti droit, a bifurqué en cours de route ? Cette personne est-elle moins intelligente parce qu'elle louche ? Est-il possible que l'on porte plus spontanément attention à quelqu'un qui est beau qu'à quelqu'un dont l'apparence laisserait à désirer ?

Ce n'est pas le moment de se bercer d'illusions. Prenez le métro ou l'autobus et remarquez auprès de qui vous vous assoyez. Quelle est votre réaction devant un pauvre qui vient se coller contre vous et dont le bain n'est prévu que pour le lendemain ? Suis-je prêt à entreprendre une conversation avec cette personne ? Dans mon inconscient, mon subconscient ou mon orgueil, je viens de la transformer en quelqu'un qui n'a pas les mêmes droits que moi. Un pauvre, c'est quelqu'un qu'on met de côté.

Les pauvres sont d'abord ceux qui souffrent de pauvreté matérielle. C'est bien là, semble-t-il, le point de vue de saint Luc (*Lc* 6,20). Cependant, Matthieu, qui est Juif et qui s'adresse à des Juifs, va prendre la peine d'ajouter une petite note, une précision : « Bienheureux les pauvres en esprit, bienheureux ceux qui sont pauvres quant à l'esprit. » Non pas : « Bienheureux ceux qui ne sont pas intelligents », mais ceux qui ont un cœur pauvre, qui ont une certaine tournure à l'intérieur de leur cœur, ceux qui sont conscients de leur manque, de leurs faiblesses, de leur misère. Ceux-là sont bienheureux.

Être vraiment pauvre, ce n'est pas nécessairement manquer de quelque chose, mais accepter de recevoir quelque chose de la part de l'autre. Je puis reconnaître un besoin, un manque, mais si je n'accepte pas de recevoir de l'aide de l'autre, je suis, jusqu'à un certain point, indépendant et «riche». Pour accueillir l'autre et son aide, il faut une certaine disponibilité, un certain espace favorisant l'accueil. Il faut une certaine pauvreté.

Dans la marche à la suite de Jésus, «la pauvreté est, au premier chef, le détachement effectif ou spirituel des biens matériels, l'absence d'entrave qui arrête la marche, et l'esprit qui en découle, esprit d'indépendance par rapport aux richesses, de soumission et de confiance totale en Dieu[2]».

La pauvreté dont parle l'Évangile, dans cette béatitude, est une façon d'être, une façon de se situer vis-à-vis de Dieu, une façon de reconnaître un manque et, partant, d'admettre le besoin de Dieu… Un pauvre, selon l'Évangile, c'est quelqu'un qui, en prenant conscience de sa misère, reconnaît qu'il a finalement besoin de Dieu. Il reconnaît ses qualités, ses talents, mais, en même temps, il admet: «Je ne suis pas mon propre créateur, j'ai besoin de Dieu. Et quand je regarde ma vie honnêtement, je m'aperçois qu'il y a de ces fêlures, de ces brisures, de ces cassures qui me font reconnaître que je ne suis pas infaillible, que j'ai besoin du soutien de Dieu.»

Misères connues et reconnues. Misères secrètes aussi. Un jour, quelques-uns de mes frères et sœurs s'amusaient à l'extérieur, sur un petit tas de terre. Une de mes sœurs est tombée.

---

2. Eugène Roche, s. j., *Pauvreté dans l'abondance,* Casterman, Tournai, 1963, p. 26-27.

Rien d'extraordinaire comme hauteur de chute, quelques centimètres, pas de quoi à ameuter le voisinage, mais elle ne pouvait plus se relever. Chacun autour d'elle lui disait : « Lève-toi et marche ! » Ce n'était pas comme dans l'Évangile : elle ne se levait pas et elle ne marchait pas. Elle pleurait. On l'a rentrée dans la maison. Mes parents lui disaient : « Tu t'es fait mal quand tu es tombée, d'accord, mais maintenant tu peux marcher. Vas-y ! » Elle avait à peine trois ans. Mon père s'est placé d'un côté de la grande salle et maman était de l'autre côté, soutenant la petite. « Viens me rejoindre, de dire mon père. N'aie pas peur, maman va te tenir. » Ma sœur a fait un pas et est tombée par terre en pleurant. Mes parents étaient déconcertés : « Il n'y a rien à comprendre. » Alors, ils l'ont couchée et, finalement, ils se sont dit : « On serait mieux de la conduire à l'hôpital. » Une radiographie a révélé qu'elle avait une fracture à la jambe. De l'extérieur, rien ne paraissait.

Elles sont rares, les personnes qui n'ont pas, dans leur être, une cassure invisible aux yeux des autres, une difficulté, un problème. Ne serait-ce pas là notre plus grande pauvreté ? La première étape vers la libération est la reconnaissance et l'admission de cette difficulté. Une fois la réalité admise, une alternative se présente : le repliement sur soi ou le regard vers Dieu. Dans un mouvement semblable à celui du tournesol vers la lumière, cette difficulté fait qu'on se tourne vers Dieu. Le tournesol cherche le soleil qui lui apporte la vie. Ainsi, cette difficulté, ce manque peut, au lieu de conduire au repliement sur soi, finalement orienter vers Dieu.

Pour éviter les contresens et pour ne pas donner dans des interprétations grotesques, il importe de souligner que la pauvreté dont nous parle Jésus – du moins dans l'évangile de Matthieu – est « cette attitude qui tourne vers Dieu à partir de la prise de conscience de ses limites. Une sorte de lucidité sur soi débouchant sur la soif d'un plus, que Dieu seul peut combler[3]. »

Le pauvre est à l'opposé du riche dont parle l'Évangile : « On comprend qui l'Évangile appelle ‹riche› : c'est celui qui se satisfait de lui-même, qui ne veut dépendre de personne d'autre, l'autonome, le suffisant, qui n'a besoin de rien ni de personne. Il est. Mais ce n'est pas le petit verre d'eau qu'il représente qui fera de sa vie un océan[4] ! » Le pauvre est à l'opposé du pharisien, de celui qui est satisfait de lui-même, de celui qui croit ne pas avoir besoin de Dieu. Il serait ici intéressant de reprendre la parabole du pharisien et du publicain (*Lc* 18,9-14). Une parabole destinée à certains qui étaient convaincus d'être justes et qui méprisaient tous les autres (*Lc* 18,9).

Il y a des jours où il serait avantageux de souffrir d'amnésie partielle temporaire pour entendre d'une manière nouvelle les textes évangéliques ou, tout au moins, pour ne plus se souvenir de la conclusion. Deux hommes montèrent au Temple pour prier. L'un d'eux se tient en avant et adresse ostensiblement sa prière à Dieu, tandis que le deuxième n'ose pas s'avancer ni

---

3. Michel Gourgues, *Foi, bonheur et sens de la vie. Relire aujourd'hui les béatitudes,* Médiaspaul, Montréal/Paris, 1995, p. 34.

4. Albert Rouet, *Le Christ des béatitudes,* Saint-Paul, Versailles, 1997, p. 25.

même lever les yeux au ciel, mais il se frappe la poitrine en disant : « *Mon Dieu, prends pitié du pécheur que je suis* » (*Lc* 18,13). Le premier est un pharisien, un spécialiste de la pratique de la Loi, tandis que le deuxième est un collecteur d'impôts, catalogué parmi les pécheurs officiels. Avant de relire la conclusion, écoutons la prière de ces deux hommes.

Le pharisien fait étalage de ses bons coups et de sa valeur personnelle en se comparant d'abord aux autres : il n'est pas comme les autres qui sont voleurs, malfaisants ou adultères. Très heureux est-il de ne pas ressembler à ce collecteur d'impôts. Et il en remet pour être certain d'être très bien vu : il jeûne deux fois par semaine (alors qu'il était tenu de jeûner une fois par année) et paie la dîme sur tout ce qu'il se procure (*Lc* 18,11-12).

Accordons-lui tout d'abord les crédits auxquels il a droit. On ne peut certes le condamner de ne pas être voleur, malfaisant ou adultère. Comment ne pas relever sa générosité traduite par son excès de zèle à jeûner et à payer la dîme ? Connaissez-vous une personne au monde qui verserait dix pour cent de son épicerie, de l'achat de ses meubles, de ses cigarettes ou de sa bière, comme dîme à sa paroisse ? Quelle générosité ! Il faut toutefois souligner qu'il a ajouté une précision pas tellement élégante : « *Je te rends grâces de ce que je ne suis pas comme ce collecteur d'impôts* » (*Lc* 18,11), quelqu'un que les pharisiens ne devaient pas accueillir à leur table, quelqu'un qui ne pouvait accéder à certaines tâches civiles. S'il est généreux, la modestie, cependant, ne lui coupe pas le souffle. « Je te remercie de ne pas être comme celui-là ! »

Pour sa part, le collecteur d'impôts n'ose même pas lever les yeux alors que le pharisien le regardait avec mépris. Il se contente d'implorer la pitié de Dieu sur le pécheur qu'il est. À la fin de son histoire, Jésus affirme : *« Je vous le déclare : celui-ci redescendit chez lui justifié, et non l'autre »* (*Lc* 18,14). Le collecteur d'impôts s'en retourna chez lui justifié, « fait juste », et non l'autre. Un chapitre suivant apportera quelques précisions sur cette notion de juste et de justice. Pour le moment, retenons que celui qui a été reconnu comme juste est celui-là même qui avouait sa pauvreté, sa misère et qui suppliait Dieu de venir à son aide. Il avait besoin de Dieu.

Le pharisien, de son côté, ne croit pas avoir besoin de Dieu. Il est parfait et il présente à Dieu le palmarès de ses mérites personnels. Le « je » est mis en évidence : « Je te rends grâce de ce que je… de ce que je… je… je… » Pas de place pour l'intervention de Dieu. Il est « suffisant » au sens fort du terme. Il irait s'asseoir dans l'ostensoir que ça ne serait pas surprenant !

De fait, les deux ont obtenu ce qu'ils ont demandé : le collecteur d'impôts a tout eu, car Dieu l'a « ajusté » ; le pharisien a eu aussi ce qu'il avait demandé… rien.

En ce sens, un pauvre est celui qui ne fait pas le malin avec Dieu. Qui joue franc jeu, qui reste humble, qui reconnaît que ce qu'il a lui vient de Dieu. Qui reconnaît que, pour aller plus loin, il lui faut l'aide de Dieu. La pauvreté, dans cette Béatitude, se perçoit donc mieux en contraste avec le pharisaïsme.

> Elle (la pauvreté) se relie à un thème central dans la pensée de Jésus : la critique du pharisaïsme. Le pharisien est celui qui se croit l'artisan de son salut ; il est convaincu que sa « justice » est une technique humaine ; tout pétri du volontarisme juif, il construit lui-même sa sainteté et prépare des épis que le Moissonneur divin n'aura qu'à ramasser. Il s'en croit d'être juste (*Lc* 18,9) ; il parle de « *sa* justice » (*Ph* 3,9) ; il ne transgresse jamais les ordres de Dieu (*Lc* 15,29). **Et cependant son erreur est capitale.** Dieu ne trouve point chez lui ce désistement, cette reddition, cette faille qui est le chemin de sa grâce. Jésus lui oppose, de façon paradoxale, le publicain... Mais on n'est pas riche que d'argent : le pharisien se sent riche de *ses* mérites, de *sa* persévérance. S'enfermant en sa suffisance, il se coupe de la Source. Le publicain a une âme de pauvre, qui attire le regard divin [5].

Cette pauvreté dont parle l'Évangile ne couvre pas seulement la pauvreté matérielle, mais toutes les misères. Misères actuelles apparaissant comme des pauvretés nouvelles. Misères collectives, pauvretés collectives. Des personnes crèvent de faim pendant que des compagnies et leurs dirigeants s'enrichissent à vue d'œil et profitent de primes de départ de plusieurs centaines de milliers de dollars... pour aller occuper un autre poste aussi bien rémunéré. Des gens sont mis à pied en même temps que la compagnie qui les employait affiche des profits records.

Misère des femmes abandonnées avec leurs enfants, familles monoparentales vivant sous le seuil de la pauvreté. Misère et

---

5. Albert Gelin, *Les pauvres que Dieu aime*, coll. Foi vivante, n° 41, Cerf, Paris, 1967, p. 138-139.

pauvreté de travailleurs qu'on remercie avant qu'ils aient leur sécurité d'emploi et qui ne réussissent pas à occuper un poste suffisamment longtemps pour obtenir le droit à l'assurance-emploi. Misère nouvelle.

Misères physiques. Santé qui dépérit, forces qui s'évanouissent. Misère du vieillissement. Pendant un certain nombre d'années, j'ai entendu ma mère répéter : «C'est pas drôle de vieillir…» Que signifiait cette expression? La personne n'est plus tout à fait indépendante, elle ne peut plus faire tout ce qu'elle avait l'habitude de réaliser par ses propres moyens. Elle ne pose pas tous les gestes qu'elle voudrait poser ; elle ne se déplace plus aussi vite et agilement qu'elle le faisait. Pour quelqu'un qui a du cœur au ventre et qui est habitué de ne pas bâiller sur le travail, voilà une pauvreté nouvelle à apprivoiser. Les escaliers deviennent un obstacle plus qu'un moyen de communication. L'ouïe n'est plus aussi fine et laisse filer bien des sons sans les capter. Les yeux fatiguent plus vite, les mains tremblent. Pauvretés physiques.

Pauvretés morales. Misères qu'on porte souvent dans le secret au plus profond de son cœur, «cassures» inconnues des autres. Efforts en apparence inutiles pour se débarrasser de tel ou tel défaut, de tel ou tel penchant qui meurtrit le cœur. Malgré des prières incessantes, il semble que rien ne change. Grandes et pénibles pauvretés.

Pauvreté peu souvent reconnue et peut-être à la base de bien des souffrances et déceptions : ne pas être son propre créateur. Être créature.

Misères et pauvretés dans les relations interpersonnelles. Pauvreté de moyens devant des situations familiales qu'on voudrait améliorer, mais qui semblent se durcir chaque jour davantage. Amitiés rompues et qu'on ne réussit pas à recoller.

Évidemment, quand on a mal, on cherche à réduire la souffrance. On se replie, on se referme. Une réaction normale puisqu'on essaie de se protéger. Se replier sur soi-même apparaît donc comme une première possibilité.

Il existe cependant une autre avenue. Toutes ces pauvretés peuvent nous tourner vers Dieu, non pas comme s'il s'agissait d'une fuite, mais plutôt d'une ouverture, puisqu'il y a une réponse de ce côté. La solution, le bonheur, se situent de ce côté. Face à eux, Dieu n'a pas le choix ! Il doit répondre à ceux qui se reconnaissent pauvres.

Cette façon de voir Dieu s'inscrit dans une longue tradition, dans l'histoire du peuple de Dieu. En effet, lorsque le peuple de Dieu était nomade, en marche, en déplacement, chacun prenait soin que l'autre ait ce qu'il lui faut pour pouvoir vivre. Cependant, lorsque le peuple de Dieu devenait sédentaire et s'installait, on remarquait alors que les plus forts accaparaient les meilleures terres, les meilleures places et poussaient les plus faibles en dehors des territoires qu'ils s'étaient appropriés. Et alors le roi – s'il était vraiment un « bon roi » – devait défendre les petits et les plus faibles. S'il n'assurait pas leur défense, un prophète surgissait pour lui rappeler ses devoirs, comme il le faisait pour les mauvais riches.

« Écoutez ceci, vous qui écrasez le pauvre pour anéantir les humbles du pays, car vous dites : ‹ Quand donc la fête de la nouvelle lune sera-t-elle passée, pour que nous puissions vendre notre blé ? Quand donc le sabbat sera-t-il fini, pour que nous puissions écouler notre froment ? Nous allons diminuer les mesures, augmenter les prix, et fausser les balances. Nous pourrons acheter le malheureux pour un peu d'argent, le pauvre pour une paire de sandales. Nous vendrons jusqu'aux déchets du froment ! › Le Seigneur le jure par la fierté d'Israël : ‹ Non, jamais je n'oublierai aucun de leurs méfaits › » (Am 8,4-7).

Dans la Bible, trois groupes de personnes émeuvent particulièrement le cœur de Dieu : les pauvres, les petits, les pécheurs. Ce sont les trois « P ». On dirait que, face à eux, Dieu n'a pas le choix. S'il veut, pour reprendre une belle expression populaire, demeurer le « Bon Dieu », il doit agir en leur faveur. Comme dans l'Ancien Testament, le roi, s'il voulait demeurer « le bon roi », devait s'occuper des petits, des pauvres, de ceux qui étaient en difficulté.

De ces mendiants, de ces pauvres, a surgi un groupe qu'on a identifié comme étant les *anawîms,* « les pauvres de Yahvé », des personnes toutes tournées vers Dieu, qui mettent en lui leur espoir.

Voyez bien la différence : ceux qui vivent dans la peur de manquer *de* quelque chose, les mendiants, et ceux qui vivent dans la crainte de manquer *à* leurs devoirs, les pauvres, les *anawîms.* Ceux-ci sont dans la crainte de Dieu. Les premiers sont dans la peur de manquer, dans la revendication de leurs droits. Ils sont malheureux, dépendants. Ils sont toujours liés, tributaires d'une image d'eux-mêmes, du regard ou de l'amour de l'autre... Ceux-là ne cherchent même plus la liberté...

C'est à ces souffrants-là que Jésus s'adresse, c'est à eux qu'il propose le chemin de la pauvreté « en esprit ». Cette pauvreté qui, dans la tradition, concerne les hommes pieux vivant dans la crainte de Dieu, dans la crainte, non plus de manquer *de* leurs droits, mais *à* leurs devoirs[6].

Le pauvre de cœur a compris que son salut se situait ailleurs que dans l'égoïsme. Le vrai pauvre est celui qui prend le risque de quitter le pays du « moi-je » pour aller vers la terre promise du « nous ». Il est bien difficile de ne pas tout ramener à sa « chère petite personne ». Après tout, elle occupe bien souvent le centre de notre petit monde, où l'ego peut prendre beaucoup de place. Et le risque est grand aussi de tomber dans les pièges sournois de l'égoïsme qui se traduisent souvent sous les trois formes suivantes : « j'ai envie » pour les besoins du corps, « j'aimerais » pour les désirs du cœur, « je veux » pour les aspirations de l'esprit. Toute notre vie est bâtie autour de ces trois pôles : corps, cœur, esprit... Les besoins de ces trois constituants de notre personne créent en nous la mendicité, font de nous ces pauvres, ces dépendants, toujours liés à l'objet, à la situation, aliénés à la condition[7].

Pour ces pauvres enchaînés et dépendants, une espérance a vu le jour. « En marche... », mais ce n'est que le début d'un long ajustement.

---

6. Jean Amar, *Les Béatitudes,* Éd. du Relié, Avignon, 1996, p. 50.
7. *Cf. ibid.,* p. 53-54.

Réflexion — actualisation

1. Quelle est la misère ou la pauvreté qui me fait souffrir davantage ?

2. Je prends le temps de convertir ce « manque » en prière.

3. À quels moments de ma vie ai-je vraiment pris le risque de la nouveauté, du dépouillement dans un acte de confiance absolue au Seigneur ?

4. Quel bien en ai-je retiré ?

5. Quelle est mon attitude profonde à l'endroit des pauvres ?

6. Est-ce que le zèle me dévore pour les pauvres à l'extérieur de ma maison au risque de m'empêcher de voir ceux qui sont tout près de moi. Il faudrait parfois relire cet avertissement de saint Paul : *« Si quelqu'un ne prend pas soin des siens, surtout de ceux qui vivent dans sa maison, il a renié la foi, il est pire qu'un incroyant »* (1 Tm 5,8).

Chapitre 5

« *Bienheureux les affamés et assoiffés de justice...* »

Nos grands besoins ne seront comblés que par l'infini. En ce sens, Jésus nous propose un bonheur en profondeur. Quand il affirme : *« Je veux que ma joie soit en vous et que votre joie soit parfaite »* (*Jn* 15,17), il formule cette préoccupation de nous voir, selon la belle expression populaire, «être heureux à plein». D'ailleurs, tout ce que Jésus fait est caractérisé par le «trop-plein». On n'a qu'à penser aux noces de Cana, aux multiplications des pains, etc.

Pourquoi faut-il toujours chercher le bonheur dans les choses compliquées ? Et si le bonheur était tout simple ? Et s'il avait été semé en abondance tout près de nous ?

Dans ce premier bloc de trois béatitudes — les pauvres, les assoiffés et affamés, les purs de cœur —, il en va comme des vagues au bord de la mer. La première vague s'avance... la deuxième va un peu plus loin et la troisième encore un peu plus loin. Ainsi en est-il dans ces trois béatitudes où notre bonheur est mis en relation avec Dieu, avec certaines attitudes à l'égard de Dieu.

Au départ, il s'agirait d'une faim matérielle — du moins, en saint Luc —, comme pour la pauvreté, mais en étudiant le texte de Matthieu, on constate tout de suite qu'il y a là un ajout particulier. Comme il avait complété la béatitude des pauvres par l'ajout «en esprit» ou «quant au cœur», voici qu'il précise cette béatitude des affamés et assoiffés par le complément «de justice». Matthieu prend la peine d'apporter cette précision, parce qu'il tient à ce que son propos soit saisi correctement.

Comme sous-titre au thème de cette réflexion, j'aurais pu inscrire : « Affamés et assoiffés de justice : affaire de cour ou affaire de cœur ? »

Au chapitre précédent, la réflexion portait sur la pauvreté, cette prise de conscience d'un manque majeur, profond, et l'admission de cette réalité que je ne suis pas mon propre créateur. Je demeure toujours créature, donc un être dépendant de Dieu. Cette affirmation semble aller de soi, et pourtant elle se bute très souvent à une autre réalité : notre désir d'indépendance. Et la pauvreté nous oblige à reconnaître que nous avons besoin de recevoir. Nous voulons tellement être indépendants, libres et autonomes qu'il nous est difficile d'accepter quelque chose de l'autre, car nous avons alors l'impression de perdre notre liberté et de sacrifier notre indépendance.

Et s'il existait une autre manière d'envisager cette situation… ? Accepter quelque chose de l'autre, c'est aussi reconnaître qu'on est assez intelligent pour admettre un besoin d'aide. Il y a quelques années, une annonce publicitaire nous présentait un type embourbé dans la vase avec son véhicule. Plusieurs personnes arrivaient près de lui et lui offraient de l'aide. Et le type de refuser, prétextant qu'il s'en sortirait seul. Toutes les chances étaient de son côté pour qu'il y surisse jusqu'à la fin de la saison. De l'indépendance, de l'autonomie ? Non, de l'imbécillité. Différence appréciable. Être assez intelligent pour dire : « Oui, j'ai besoin d'aide et je l'accepte », c'est peut-être une forme de dépendance, mais une dépendance qui mène à la liberté.

Ce qui peut combler entièrement, où va-t-on habituellement le chercher ? Que disaient les anges aux femmes, au lendemain de la Résurrection : *« Pourquoi cherchez-vous le vivant
parmi les morts ? »* (*Lc* 24,5). Ne va-t-on pas trop souvent, hélas !
quêter le bonheur dans ce qui va mourir, périr ou disparaître ?
Nous sommes tissés d'éternité et d'infini. Dans notre cœur se
niche ce désir d'un bonheur extraordinaire, immense et sans
fin. Ce n'est certes pas pour rien que Jésus, le soir du jeudi
saint, affirmait : *« Je vous ai dit cela pour que ma joie soit en vous et
que votre joie soit parfaite »* (*Jn* 15,11). Cette affirmation se situe
dans la ligne de ce qu'il avait déclaré précédemment : *« Moi, je
suis venu pour qu'ils aient la vie et qu'ils l'aient en abondance »*
(*Jn* 10,10). Pas une joie ratatinée, diminuée, ennuyeuse. *« Je veux
que ma joie soit en vous et qu'elle soit parfaite. »* Le Seigneur veut
que nous soyons heureux à plein, que cette joie déborde,
comme lui-même la fait déborder de tout bord, de tout côté.

Dans cette recherche du bonheur, après la prise de conscience d'un manque, d'une misère profonde, il ne suffit pas de
crier vers Dieu, de faire appel à son aide. Il faut également,
dans un deuxième temps, s'ajuster à Dieu. Et l'on en vient à
cette deuxième béatitude : *« Bienheureux les affamés et les assoiffés
de justice, car ils seront rassasiés. »*

L'évangile de Luc ne laisse aucun doute. *« Heureux vous qui
avez faim maintenant : vous serez rassasiés »* (*Lc* 6,21). Faim et soif
matérielles, soif d'eau, faim de nourriture. Ici encore, Matthieu
a tenu à ajouter une précision : *« faim et soif de justice »*.

Quelle signification faut-il donner au terme « justice » ? Une première précision : nous sommes plutôt loin du sens donné aujourd'hui à ce terme, où il est plus spécialement question du respect des droits de la personne. On fait appel à la justice, au ministère de la Justice, on se rend au palais de justice, etc.

Peut-être pourrions-nous retenir — pour bien en saisir la portée — l'adjectif *juste*. À quel moment est-il question de « justes » dans l'Évangile ? Une première mention est tirée de l'Évangile de Luc, au moment où il présente les parents de Jean le Baptiste, Élisabeth et Zacharie : *« Tous deux étaient justes devant Dieu et ils suivaient tous les commandements et observances du Seigneur d'une manière irréprochable »* (*Lc* 1,6). Poursuivons dans la même tradition évangélique. Avant de raconter la parabole du pharisien et du publicain, Luc précise : *« Jésus dit une parabole à l'endroit de certains qui étaient convaincus d'être justes et qui méprisaient tous les autres »* (*Lc* 18,9). Mais pour respecter le sens que Matthieu peut donner à ce terme, il importe de rapporter un extrait de la parabole du Jugement dernier : *« Alors les justes lui répondent : ‹ Quand t'avons-nous vu avoir faim, soif, être nu, malade, prisonnier ? ›... »* (*Mt* 25,31-40).

Une expression populaire toute simple permet une première saisie du sens du mot « juste ». Quelqu'un s'achète un vêtement et s'inquiète de savoir si cela lui va bien. La réponse jaillit, rassurante : « Ça fait juste ! » Ce vêtement convient et sied bien. Comme s'il était fait sur mesure pour vous. Il vous est bien ajusté. Un veston qui « fait juste » n'a pas besoin d'être ramassé par quelque poignée de main dans le dos.

Être juste, c'est « être ajusté ». Cette deuxième béatitude va donc nous porter plus loin. La première béatitude, celle de la pauvreté, nous ouvre à Dieu. La deuxième, la faim et la soif de justice, d'être ajusté, oriente la vie vers Dieu. Il ne s'agit pas seulement d'une ouverture ou d'un cri vers Dieu, mais d'un effort sérieux d'ajustement à Dieu. En d'autres termes : *Bienheureux les affamés et les assoiffés de SAINTETÉ*.

> Un consensus assez large se fait autour du sens suivant : le mot « justice » qualifie une conduite humaine conforme aux exigences de Dieu, exigences dont Jésus dans le Sermon sur la montagne révèle précisément toute l'étendue...

> L'étude des textes matthéens sur la « justice » conduit à la conclusion que le terme conserve partout la même signification : il qualifie une conduite humaine conforme à ce que Dieu veut. Il en est de même de l'adjectif « juste » *(dikaios)* qui, dans les 15 emplois de l'évangile de Matthieu, est toujours utilisé comme qualificatif des hommes, jamais de Dieu. Notons spécialement les derniers emplois du terme, dans le texte du jugement dernier propre à Matthieu : les justes sont ceux qui posent des gestes d'assistance à l'endroit des démunis *(Mt 25,37)* ; lors du jugement, ils entrent donc dans la vie éternelle *(Mt 25,46)*[1].

Pour entrer au ciel, la règle est claire et nette : *« Car je vous le dis : si votre justice ne surpasse pas celle des scribes et des pharisiens, non, vous n'entrerez pas dans le Royaume de Dieu »* (*Mt* 5,20). Cette *justice* nouvelle, cet ajustement nouveau, cette conformité à la volonté de Dieu est l'ajustement à l'enseignement nouveau de

---

1. Marcel Dumais, « Le Sermon sur la montagne », *Suppl. Dict. Bible,* XII 69 (1994), col. 804, 806. Voir aussi : Marcel Dumais, *Le Sermon sur la montagne. État de la recherche, interprétation, bibliographie,* Paris, Letouzey et Ané, 1995.

Jésus concernant les rapports avec Dieu et avec le prochain. Chez Matthieu, la *justice*[2] est la fidélité nouvelle et radicale à la volonté de Dieu, au point de vue et à la manière d'agir de Dieu, selon la révélation qu'en fait Jésus.

Si les pauvres s'opposent aux pharisiens, les justes s'opposent aux pécheurs. Ce qui m'impressionne dans la parabole du Jugement dernier, c'est la réaction des justes : *« Alors les justes lui répondront : ‹ Seigneur, quand nous est-il arrivé de te voir affamé et de te nourrir, avoir soif et de te donner à boire?... › »* (*Mt* 25,37-39). Il y a de l'étonnement dans cette réaction. Est-il possible que nous ayons fait quelque chose de ce genre ? Nous ne nous en sommes même pas rendu compte... Comme s'ils l'avaient fait sans trop y prendre garde. Une espèce de mouvement spontané. J'oserais avancer ceci : les justes, à force d'écouter la Parole de Dieu et de s'efforcer de la mettre en pratique, en viennent à avoir des « réflexes évangéliques », sans trop s'en rendre compte. Quand on apprend à conduire une automobile, il faut penser à tout. Ne pas oublier de relâcher le frein pour appuyer sur l'accélérateur... Pour tourner à gauche, penser au clignotant et surtout l'actionner dans la bonne direction... Quand une voiture arrive en sens inverse, calculer la bonne distance pour demeurer dans sa propre voie et ne pas

---

2. *Mt* 3,15 : *« Mais Jésus répliqua à Jean : ‹ Laisse faire maintenant : c'est ainsi qu'il nous convient d'accomplir toute justice. › »*

Mt 5,10 : *« Heureux les persécutés pour la justice. »*

Mt 6,1 : *« Gardez-vous de pratiquer votre justice devant les hommes pour attirer leurs regards. »*

Mt 6,33 : *« Cherchez d'abord le Royaume et la justice de Dieu. »*

Mt 21,32 : *« Jean est venu à vous dans le chemin de la justice, et vous ne l'avez pas cru. »*

non plus envahir l'accotement... Avec l'habitude, bon nombre de ces gestes deviennent automatiques... Je serais probablement surpris que quelqu'un me fasse la remarque : «Tu as mis le clignotant, tu as tourné à droite, tu t'es rangé un peu sur le côté de la route... » «Ah oui ? Quand est-ce que... ?»

Nous ne pouvons plus nous souvenir de tout ce qu'il nous en a coûté d'apprendre à marcher et de tout ce que ça implique comme exercice. Parlez-en aux victimes d'un traumatisme qui doivent réapprendre à marcher. C'est épuisant de penser à tous les gestes qu'il faut poser pour y arriver : lever la jambe, pointer le pied en avant, soulever le bout du pied, déposer le bout du pied et ensuite le talon, bien appuyer, et recommencer pour l'autre jambe. Et pourtant, c'est si simple de marcher... On n'y prête plus attention. C'est devenu un réflexe... Nul besoin de penser à lever la jambe un peu plus haut quand on se retrouve devant un escalier à monter... « Quand est-ce que... ?»

Et cet ajustement à Dieu ne peut manquer de déboucher sur l'attention au prochain. C'est un danger très réel qui peut nous faire tomber dans l'illusion que de croire que nous puissions nous ajuster à Dieu sans que notre agir à l'endroit de l'autre en soit marqué.

Comme pour les autres béatitudes, on entre progressivement dans la béatitude de la justice et, au fil de la vie, on est appelé à la comprendre de mieux en mieux et à la vivre à un niveau de plus en plus profond. Car si «avoir faim et soif de la justice» veut dire aspirer à une vie parfaitement conforme à ce que le Père veut que nous soyons (= être ses vrais fils, donc l'imiter), cela ne conduit-il pas à chercher à

« s'ajuster », dans sa manière de vivre, à la justice divine elle-même, c'est-à-dire à la manière de Dieu d'être juste envers les hommes ? Or, d'après l'évangile de Matthieu, la justice de Dieu envers les hommes est d'un autre type que la justice humaine. Elle est faite de gratuité (cf. Mt 20,1-15 : les ouvriers de la onzième heure) et de miséricorde (cf. Mt 18,23-35 : le débiteur insolvable). Ainsi la béatitude de la justice (Mt 5,6) rejoint celle de la miséricorde (Mt 5,7). En profondeur, les béatitudes sont connexes [3].

C'est utopie si cette justice intérieure ne s'exprime pas et ne se vérifie pas dans des actes qui y correspondent et qui acheminent à la justice extérieure : construire l'autre, le libérer, l'aimer, c'est bien plus que de ne pas lui nuire ou le détruire [4].

C'est ce que les justes de l'Évangile ont compris et mis en pratique. C'est ce qu'il nous faut réaliser aussi : avoir des « réflexes évangéliques ». Saint Joseph est qualifié du titre d'« homme juste » parce qu'il accomplissait ce que Dieu lui demandait. Nous sommes justes, « ajustés à Dieu » quand nous accomplissons ce que Dieu nous demande. Être ajusté à Dieu, c'est appliquer dans le concret de la vie ce que l'Évangile nous enseigne. C'est s'habiller le cœur, chaque jour, en reprenant les mesures de Dieu. De temps en temps, bien sûr, il faut de petits ajustements et, de temps à autre, il faut des ajustements plus sérieux. Parfois, le Seigneur lui-même nous taille dans ce sens-là. On parle alors de conversion.

---

3. Marcel Dumais, « Le Sermon sur la montagne », Suppl. Dict. Bible, XII 69 (1994), col. 809. Voir aussi : Marcel Dumais, Le Sermon sur la montagne. État de la recherche, interprétation, bibliographie, Paris, Letouzey et Ané, 1995.
4. Raymond Truchon, Aujourd'hui les béatitudes, Éd. Anne Sigier, Sillery, 1979, p. 38.

Être affamé et assoiffé de sainteté ne signifie pas qu'on a atteint la perfection. La vie des saintes et des saints révèle clairement qu'ils ont eu leur lot de faiblesses, de misères, de petites ou de grandes mesquineries. Ils ont porté leur propre croix d'imperfection. Ils ont trimé dur à leur conversion. Se convertir, c'est se retourner, se détourner de soi-même pour se tourner vers Dieu. Retrouver l'échelle des valeurs que le Seigneur nous a enseignée.

La lenteur de notre ajustement à Dieu ne viendrait-elle pas du fait que nous travaillons avec des échelles de valeurs différentes de celle de Dieu ? Dans ma vie de foi, dans ma pratique de l'Évangile, dans mon ajustement à la Parole de Dieu, où est la priorité ? Qu'est-ce qui occupe la première place dans ma vie avec le Seigneur ? Non pas en théorie, au niveau des idées — c'est trop facile —, mais dans le concret. À quoi est-ce que je travaille pour que le Seigneur me reconnaisse comme son disciple ? Qui fixe les normes de la sainteté, de l'ajustement à Dieu ? Moi ou Dieu ? Une des difficultés des pharisiens réside justement dans le fait qu'ils avaient décidé de quelle manière s'acquérait la sainteté... Ils n'ont pas accepté que Jésus leur en montre sur ce point. Eux, ils savaient comment ressembler à Dieu... Ils savaient mieux que Dieu ce qu'il fallait faire !

Même nos fautes peuvent nous apprendre quelque chose de profond sur nos désirs de sainteté. Nos péchés sont des vertus qui ont la tête en bas et les pattes en l'air ! D'où la nécessité de la *conversion*. Une faute d'égoïsme est de l'amour mal orienté. Il faut remettre les choses à l'endroit. Dans notre cœur, quelque chose veut germer, veut croître, mais la pousse dévie et il faut la redresser. En ce sens, nos fautes nous révèlent une certaine profondeur de notre cœur. Nous sommes appelés à l'infini et nous sommes à sa recherche.

Il faut savoir s'encourager à travers et malgré les manquements, et se dire qu'on progresse malgré tout dans cet ajustement permanent à Dieu.

Un exemple aidera à mieux saisir mon propos. Si vous escaladez une montagne, il peut vous arriver de tomber. C'est une chute. Il faut le reconnaître. Il s'agit de se relever et de reprendre l'ascension. Une nouvelle chute ? il faut aussi le reconnaître, mais vous avez pris de l'altitude, vous avez avancé. À nouveau, il faut se relever et reprendre la montée. Une nouvelle chute, peut-être plus rapprochée ? Il faut encore une fois le reconnaître. Oui, vous êtes bel et bien tombés… Mais vous êtes tombés… en montant !

Cette justice, cet ajustement à Dieu va exiger qu'il y ait dans notre cœur une disposition à surveiller de près notre comportement. Nous devons être attentifs à ce que Dieu veut de nous, sans nous mentir à nous-mêmes. La prochaine béatitude le précisera.

Cette béatitude de la justice n'est pas de tout repos, bien au contraire. Elle remet toute ma vie en cause, en profondeur. Et ce, à chaque jour. Ce que Jésus nous présente ici, c'est une justice fort différente de celle que prônaient les scribes et les pharisiens. Pour eux, il était question d'une sainteté cultivée en serre chaude. Mal leur en prit.

Cette béatitude dérange. Les proches de Jésus étaient-ils tous prêts à être canonisés ? Certains l'ont suivi, d'autres ont ri de lui, d'autres ont voulu le tuer parce qu'il ne disait pas ce qu'ils attendaient de lui. Même ses disciples se sont endormis au moment de sa Passion... **Cet ajustement est de tout temps et de tous les jours.**

« Si votre justice ne surpasse pas celle des scribes et des pharisiens, non, vous n'entrerez pas dans le Royaume des Cieux » (Mt 5,20) ! C'est sérieux. Il faut relire le Sermon sur la montagne dans cette perspective. Que votre sainteté ne ressemble pas à celle des scribes et des pharisiens. Leur justice risque de s'en tenir à la dimension extérieure : accomplir ce qui est prescrit dans les œuvres de piété, bien faire ses exercices spirituels et être fidèle aux observances, quitte à marcher sur le prochain en se rendant à la chapelle pour faire de l'adoration... !

Le grand changement proposé par Jésus : *« On vous a dit... moi, je vous dis ! »* Voici maintenant comment on s'ajuste à Dieu. Il faut aller plus loin au niveau du cœur.

Dans un premier temps (Mt 5,21-47), Jésus précise comment son enseignement se démarque de celui des scribes et il en fournit un certain nombre d'exemples : non seulement il ne faut pas commettre de meurtre, mais il faut éviter les actes et paroles de colère contre son prochain, comme il faut aussi régler les différends avant de venir présenter des offrandes à l'église (*Mt* 5,21-26) ; non seulement il ne faut pas commettre d'adultère, mais il faut aussi sonder son cœur pour vérifier comment on regarde l'autre ; de plus, il faut savoir se débarrasser de ce qui peut conduire au mal (*Mt* 5,27-32) ; non seulement on ne doit pas se parjurer, mais il faut éviter tout serment, puisqu'un enfant de Dieu est un être de vérité et sa parole est digne de confiance (*Mt* 5,33-35) ; non seulement il ne faut pas se venger, mais il ne faut pas résister au méchant, il faut même prendre l'initiative de lui faire du bien (*Mt* 5,38-42) ; non seulement il faut aimer son prochain, mais il faut aussi aimer ses ennemis et prier pour eux si l'on veut se distinguer des païens (*Mt* 5,43-47). Et, en agissant ainsi, *« vous donc, vous serez parfaits comme votre Père céleste est parfait »* (*Mt* 5,48).

Dans un deuxième temps (*Mt* 6,1-18), Jésus démontre comment son enseignement se distingue également de la pratique des pharisiens et il explique sa pensée en trois points : l'aumône doit se pratiquer dans la discrétion (*Mt* 6,1-4) ; la prière, avant tout rencontre avec le Seigneur, ne doit pas être ostentatoire (*Mt* 6,5-8), et il en profite pour nous donner sa propre prière, le *Notre-Père ;* le jeûne se pratique pour plaire à Dieu et non pour impressionner les autres (*Mt* 6,16-18). Il termine par cette remarque : *« Amassez-vous des trésors non pas sur la terre... mais dans le ciel... Car où est ton trésor, là aussi sera ton cœur »* (*Mt* 6,21).

Dans un troisième temps (*Mt* 6,19 – 7,27), Jésus présente la nouvelle manière de s'ajuster à Dieu et il fournit différents exemples : déterminer le véritable trésor auquel consacrer de l'attention (*Mt* 6,19-21) ; en arriver à avoir un cœur qui ne louche pas (*Mt* 6,22-23) ; ne pas servir deux maîtres (*Mt* 6,24) ; à travers les soucis, faire confiance au Père (*Mt* 6,25-34) ; dans la relation avec le prochain, porter attention aux jugements (*Mt* 7,1-5) ; avoir de la prudence dans son comportement (*Mt* 7,6) ; demander avec confiance (*Mt* 7,7-11) ; faire aux autres ce qu'on croit bon pour soi (*Mt* 7,12) ; prendre la route étroite, mais certaine (*Mt* 7,12-13) ; se méfier des faux prophètes, car c'est à ses fruits qu'on peut juger un arbre (*Mt* 7,15-20). Enfin, il ne suffit pas dire : « Seigneur, Seigneur... » il faut agir (*Mt* 7,21-23).

La conclusion de ces propos : si quelqu'un prend au sérieux l'enseignement de Jésus et le met véritablement en pratique, il ressemblera à une personne qui bâtit sa maison sur du roc (*Mt* 7,24-27).

Cet ajustement doit s'armer de patience et accepter aussi la présence tenace de certains défauts et imperfections, car, comme le souligne si bellement saint François de Sales, « il faut souffrir notre propre imperfection pour avoir la perfection... Notre imperfection doit nous accompagner jusques au cercueil[5]. » La prochaine réflexion précisera comment cette imperfection et les manquements qui marquent notre vie doivent être considérés dans une optique d'espérance.

---

5. Saint François de Sales, *Lettres de direction et de spiritualité,* présentées par E. Le Couturier, Emmanuel Vitte, Lyon, p. 108, 110.

Réflexion – actualisation

1. Relire *le Sermon sur la montagne* en changeant le terme **justice** par le mot **sainteté**.

2. L'ajustement à Dieu ne se fait pas au détriment de l'amour du prochain. *« Si quelqu'un dit : ‹ J'aime Dieu › et qu'il haïsse son frère, c'est un menteur. En effet, celui qui n'aime pas son frère qu'il voit ne peut pas aimer Dieu qu'il ne voit pas »* (Jn 4,20).

3. Suis-je vraiment un affamé de l'Évangile, de la Parole de Dieu ?

4. Suis-je vraiment assoiffé de cet ajustement à Dieu ? Est-ce que je me contente d'une espèce de médiocrité ?

5. Reprendre l'épisode de Marthe et Marie en saint Luc (*Lc* 10,38-42). Le relire dans l'optique suivante : Jésus rappelle à Marthe qu'elle doit partir de lui pour savoir ce qui lui fait vraiment plaisir, ce qui le rejoint profondément. Qu'est-elle en train de faire, dans son énervement ? Est-elle en train de vouloir ajuster tout le monde à elle, pour faire plaisir à Jésus ? Est-ce vraiment ce que Jésus attend de nous ?

6. La correspondance entre l'amour qu'on porte à Dieu et celui envers son prochain :

   « À quoi bon m'offrir tant de sacrifices ? dit le Seigneur. Les holocaustes de béliers, la graisse des veaux, j'en suis rassasié. Le sang des taureaux, des agneaux et des boucs, je n'en veux plus.

« *Quand vous venez vous présenter devant moi, qui donc vous a demandé d'encombrer mes parvis ? Cessez de m'apporter de vaines offrandes : l'encens, j'en ai horreur…*

« *Lavez-vous, purifiez-vous, ôtez de ma vue vos actions mauvaises, cessez de faire le mal. Apprenez à faire le bien : recherchez la justice, mettez au pas l'oppresseur, faites droit à l'orphelin, prenez la défense de la veuve* » (*Is* 1,11-17).

Chapitre 6

« Bienheureux les purs

quant au cœur... »

VOICI LA TROISIÈME VAGUE de cette série des béatitudes qui proclament un bonheur en relation avec Dieu, avec certains comportements à l'égard de Dieu.

Pour atteindre un niveau profond de bonheur, une condition s'impose : il faut une ouverture sur l'infini. En effet, en dedans de nous existe ce besoin, cette soif d'infini, que Dieu seul peut finalement combler. Il est donc nécessaire, dans un premier temps, de reconnaître ce besoin, ce manque, ce désir qui nous tiraille au plus profond de notre être. L'admission de notre pauvreté profonde est l'ouverture permettant de nous tourner vers Dieu et d'attendre de lui ce bonheur auquel nous aspirons. *« Bienheureux les pauvres en esprit. »* Il ne suffit pas, cependant, de constater et d'admettre ce désir profond. Il faut, en un deuxième temps, vouloir aussi entrer dans les vues de Dieu pour communier à ce bonheur qu'il veut accorder. *« Heureux les affamés et les assoiffés de justice... de sainteté : ils seront rassasiés. »* Dieu lui-même va s'occuper d'eux et va les « ajuster » à son point de vue.

Nous avons certes le goût de devenir des saints et des saintes et d'aller au ciel. Notre histoire personnelle nous oblige, cependant, à admettre cette constatation flagrante : notre vie n'est pas toujours en accord avec notre désir de sainteté. Plus souvent que nous ne le souhaitons, nos fautes, nos faiblesses et nos péchés nous rappellent cruellement qu'il y a loin de la coupe aux lèvres. Se pose alors cette question lancinante : « Si je veux être heureux à plein et être heureux tout le temps avec Dieu, comment vais-je faire pour que, malgré mes fautes, je puisse finalement me retrouver au ciel, avec lui ? » Un examen le moindrement lucide de ma vie risque de m'entraîner au découragement.

C'est alors qu'intervient la troisième béatitude : « *Bienheureux les cœurs purs ou les purs quant au cœur, car ils verront Dieu* » (*Mt* 5,8). Cette béatitude vient soutenir notre espérance et raviver notre courage, comme un grand courant d'air frais qui souffle : « Oui, tu peux espérer malgré tes misères, malgré tes faiblesses. »

Les purs quant au cœur **verront** Dieu. Qu'est-ce à dire ? Ils seront admis en présence de Dieu, ils seront reçus chez Dieu. Une référence à une expérience de vie permet de mieux saisir la portée de cette expression. Vous vous rendez au Parlement ou à l'évêché et vous demandez à la réception : « Je voudrais voir le premier ministre ; je voudrais voir l'évêque. » Et la personne de répondre : « Regardez-le, il passe au bout du corridor là-bas. Maintenant que vous l'avez vu, vous pouvez retourner chez vous. » La réaction prévisible ne tardera pas : « Je veux lui parler, je veux être admis en sa présence. Je veux le voir ! » Voilà donc l'assurance que donne cette béatitude : « Bienheureux ceux qui sont purs quant au cœur, ils seront admis chez Dieu. »

Une autre question ne tarde pas, cependant, à pointer : « Ai-je ce qu'il faut pour affirmer que je suis pur quant au cœur, que je vis cette béatitude-là ? »

L'Ancien Testament apporte de nombreuses précisions au sujet du pur et de l'impur. Pour un lecteur contemporain, ces questions relèvent presque de l'imaginaire. Ces données avaient, cependant, leur raison d'être et faisaient partie d'un discours théologique.

La pureté est une qualité qui concerne d'abord Dieu lui-même. Dieu est le Très-Pur, le Très-Saint. Il est le « Séparé », celui qui ne se mêle pas aux autres dieux. *« Tu n'auras pas d'autres dieux devant moi... »* (Dt 5,7), ne cessera-t-il de répéter à Israël. En contrepartie, le peuple de Dieu doit, lui aussi, devenir un peuple saint, un peuple pur, un peuple qui ne doit pas admettre d'intrusions étrangères dans sa foi. Et l'histoire du peuple de Dieu révèle qu'il a respecté cette directive, mais que, de temps à autre, il accueillait d'autres dieux et se bâtissait une petite religion selon ses convenances, en venant ainsi à servir et Yahvé et de faux dieux. Les prophètes intervenaient et rappelaient le non-sens de cette situation, comme en fait foi cette apostrophe du prophète Élie, sur le mont Carmel : *« Jusqu'à quand clocherez-vous des deux jarrets ? Si Yahvé est Dieu, suivez-le ; si c'est Baal, suivez-le »* (1 R 18,21). Ou, comme le dit une autre traduction : *« Combien de temps plierez-vous le genou des deux côtés*[1] *? »* Genoux à double penture !

Si Dieu, qui est le Saint, se manifeste comme étant celui qui n'admet pas de faussetés ou d'impuretés en lui, il importe alors que le peuple qu'il se choisit se caractérise aussi par sa pureté. « Ces prescriptions sont rattachées dans la Bible à la sainteté de Dieu ; la sainteté est le propre de Dieu qui est le séparé, celui qui ne se commet pas avec le monde. Elles ont pour fonction de garder dans la sainteté Israël, que le Dieu saint a choisi et mis à

---

1. *Lectionnaire de semaine*, Desclée/Mame, Paris, 1982, p. 716.

part des autres peuples ; **Israël doit se préserver de tout mélange**[2]. » En même temps, l'histoire ancienne du peuple de Dieu apporte certaines lumières sur les conditions pour être admis en présence de Dieu et précise de quelle manière « doivent se comporter ceux qui veulent entrer ou demeurer dans l'Alliance, le contrat que Dieu et Israël ont passé ensemble[3] ».

La multiplication des lois, des prescriptions et des interdits avait fini par constituer un monde indéchiffrable pour le commun des mortels. Et comme il arrive parfois dans des situations semblables, on en était venu à chercher non pas comment observer ces commandements, mais surtout comment réussir à les contourner et à leur échapper. Les scribes se montraient relativement habiles en ce domaine, ce qui leur vaudra, ainsi qu'aux pharisiens, cette remarque assez pointue de Jésus : *« Et vous, pourquoi transgressez-vous le commandement de Dieu au nom de votre tradition ? »* (*Mt* 15,3).

Fréquemment, les prophètes avaient rappelé ce « commandement de Dieu ».

— *Is* 1,16s : *« Lavez-vous, purifiez-vous* (LXX : « Devenez purs »). *Ôtez votre méchanceté de ma vue. Cessez de faire le mal ! Apprenez à faire le bien, recherchez le droit, secourez l'opprimé, soyez justes pour l'orphelin, plaidez pour la veuve. »*

— *Za* 7,5.7.9s : *« Est-ce par amour de moi que vous avez multiplié vos jeûnes ? [...] Ne connaissez-vous pas les paroles que Yahvé procla-*

---

2. Jean-François Six, *Les Béatitudes aujourd'hui*, Seuil, Paris, 1984, p. 131.
3. *Ibid.*

mait par le ministère des prophètes du passé ? [...] Il disait : ‹ ۱
une justice vraie et pratiquez bonté et compassion chacun enver.
frère. N'opprimez pas la veuve et l'orphelin, l'étranger et le pauvr
ne méditez pas en votre cœur du mal l'un envers l'autre. › »

— Am 5,23-24 : « Écarte de moi le bruit de tes cantiques, que j
n'entende pas la musique de tes harpes ! Mais que le droit coule comme
de l'eau, et la justice, comme un torrent qui ne tarit pas. »

— Os 6,6 : « Car c'est l'amour qui me plaît et non les sacrifices, la
connaissance de Dieu plutôt que les holocaustes. »

— Os 14,3 : « Munissez-vous de paroles (de repentir sincère) et revenez à Yahvé. Dites-lui : ‹ Enlève toute faute et prends ce qui est bon. › »

— Is 58,2 : « C'est moi qu'ils recherchent jour après jour, ils
désirent connaître mes voies, comme une nation qui a pratiqué la justice, qui n'a pas négligé le droit de son Dieu. Ils s'informent près de moi
des lois justes, ils désirent être proches de Dieu. »

— Is 58,5-7 : « Est-ce là le jeûne qui me plaît, le jour où l'homme
se mortifie ? Courber la tête comme un jonc, se faire une couche de sac et
de cendre, est-ce là ce que tu appelles un jeûne, un jour agréable à
Yahvé ? N'est-ce pas plutôt ceci, le jeûne que je préfère : défaire les
chaînes injustes, délier les liens du joug ; renvoyer libres les opprimés et
briser tous les jougs ? N'est-ce pas partager ton pain avec l'affamé,
héberger chez toi les pauvres sans abri, si tu vois un homme nu, le vêtir,
ne pas te dérober devant celui qui est ta propre chair ? »

Et malgré tous ces avertissements, Israël continuait de
« flirter » à l'occasion avec les dieux païens. Et voilà même qu'il

se met à regretter ce qu'il a abandonné, « l'ail, les concombres et les oignons d'Égypte ».

Cette histoire ressemble à la nôtre : après un certain temps de marche sur les chemins de l'Évangile, la fatigue fait son œuvre et le découragement nous guette. Il nous arrive alors de regretter « les plaisirs de notre esclavage » et d'avoir le goût de retourner en Égypte pour y cueillir quelques concombres !

Serait-ce alors peine perdue que tout ce travail de conversion, une vaine illusion que ce désir d'entrer chez Dieu, un jour ? Et pourtant le psaume le précise :

> ³ *Qui montera sur la montagne du Seigneur ?*
> *Et qui se tiendra dans son lieu saint ?*
> ⁴ *Celui qui a les mains innocentes*
> *et qui est **pur de cœur*** (*Ps* 24,3-4).

Alors que les mains représentent l'action, le cœur signifie la pensée, l'intention. Dissocier l'un de l'autre est faire preuve d'hypocrisie et de manque de droiture profonde. D'où l'importance que Jésus accorde à la qualité du cœur. À maintes occasions, il précisera sa pensée à ce sujet. Il le fera d'une manière très directe dans ses invectives contre les scribes et les pharisiens : « *Malheureux êtes-vous, scribes et pharisiens hypocrites, vous qui purifiez l'extérieur de la coupe et du plat, alors que l'intérieur est rempli des produits de la rapine et de l'intempérance. Pharisien aveugle ! Purifie d'abord le dedans de la coupe, pour que le dehors aussi devienne pur* » (*Mt* 23,25-26). Si vous êtes intérieurement malhonnêtes, vos gestes extérieurs, si droits qu'ils paraissent, deviennent hypocrisie.

Après une controverse avec les scribes et les pharisiens au sujet de la tradition qu'il fallait respecter, Jésus, appelant la foule, déclare : *« Écoutez et comprenez ! Ce n'est pas ce qui entre dans la bouche qui rend l'homme impur ; mais ce qui sort de la bouche, voilà ce qui rend l'homme impur »* (Mt 15,15). Écoutez et comprenez donc ! Il y a une façon nouvelle de voir les choses. À la demande de Pierre, Jésus précise sa pensée : *« Êtes-vous encore, vous aussi, sans intelligence ? Ne savez-vous pas que tout ce qui pénètre dans la bouche passe dans le ventre, puis est rejeté dans la fosse ? Mais ce qui sort de la bouche provient du cœur, et c'est cela qui rend l'homme impur. Du cœur en effet proviennent intentions mauvaises, meurtres, adultères, inconduites, vols, faux témoignages, injures. C'est là ce qui rend l'homme impur ; mais manger sans s'être lavé les mains ne rend pas l'homme impur »* (Mt 15,16-20).

Si Jésus insiste autant sur le cœur ou la motivation, ce n'est pas au détriment de l'action ; bien au contraire, il demande d'agir, mais, pour lui, l'action ne consiste pas à s'en tenir à des prescriptions rituelles, à se laver les mains pour se sentir quitte à l'endroit de Dieu et n'avoir plus à poser de gestes de bonté ou de pardon à l'égard du prochain. *« Voici ce qu'il fallait faire, sans omettre cela »* (Mt 23,23).

À partir d'une référence à des rites extérieurs, d'ablutions, on en vient à une pureté intérieure. Les prophètes, rappelons-le, vont s'en prendre à une vision purement extérieure pour obliger à un ajustement du cœur : «Pratiquement d'un bout à l'autre de la tradition prophétique s'affirmit en particulier la conviction que la vérité de la relation à Dieu était conditionnée par la qualité de la relation au prochain[4]. »

Sans anticiper sur la réflexion portant sur la béatitude de la miséricorde, dans la ligne de cette pureté du cœur, Osée avait affirmé : « *C'est la miséricorde que je veux et non le sacrifice* » (*Os* 6,6). Jésus, dans le Sermon sur la montagne, reprend à sa manière cette même directive : « *Quand tu vas présenter ton offrande à l'autel, si là tu te souviens que ton frère a quelque chose contre toi, laisse là ton offrande, devant l'autel, et va d'abord te réconcilier avec ton frère ; viens alors présenter ton offrande* » (*Mt* 5,23-24). À noter que celui qui présente l'offrande n'est pas nécessairement coupable…

Dans tous ces textes de l'Ancien ou du Nouveau Testament où il est question des exigences pour « voir Dieu », il n'est fait mention nulle part, comme en *Mt* 5,8, de la pureté du cœur. Comme je l'ai déjà souligné, il se trouve en Matthieu un autre passage où il est question à la fois de « cœur » et de « pureté ». Jésus précise en quoi consiste l'impureté du cœur : « *… ce qui sort de la bouche procède du **cœur** et c'est cela qui rend l'être humain **impur**. Du **cœur** en effet procèdent les desseins mauvais : meurtres, adultères, débauches, vols, faux témoignages, diffamations. Voilà ce qui rend quelqu'un impur* » (*Mt* 15,18-19).

Ainsi, la pureté ou l'impureté se situent d'abord au niveau du cœur de la personne. Devant Dieu, celle-ci est pure ou impure non pas en raison de ce qu'elle mange, mais selon que son

---

4. Michel Gourgues, *Foi, bonheur et sens de la vie. Relire aujourd'hui les béatitudes*, Médiaspaul, Montréal/Paris, 1995, p. 42.

cœur est habité ou non par des « desseins mauvais ». Car c'est dans le cœur que tout se décide ; c'est là que se mijote tout ce qu'une personne peut faire.

Ce que nous avons à présenter à Dieu, finalement, dans la ligne d'Isaïe, ce sont nos actions, celles qui sont bonnes, bien sûr, mais aussi notre volonté de combattre le mal, nos mauvais desseins. Comme le soulignait Isaïe : *« Cessez de faire le mal... Attachez-vous à faire le bien. Recherchez le droit »* (*Is* 1,16-17). Recherchez le droit. Expression importante pour comprendre le sens de l'expression « ceux qui sont purs quant au cœur ».

Ce qui intéresse Dieu, ce n'est pas un culte extérieur, mais bien une réalité intérieure à nous-mêmes, notre cœur. Comme on ne peut se présenter devant Dieu sans apporter une offrande — *« On ne verra pas ma face (les mains) vides »* (*Ex* 23,15 ; 34,20 ; *Dt* 16,16) —, on ne peut non plus se présenter avec les mains souillées (actions mauvaises) : *« Vos mains sont pleines de sang. Lavez-vous. Purifiez-vous »* (*Is* 1,15-16). « Dieu ne prend pas plaisir à un culte purement extérieur de la part de ceux qui viennent pour ‹ voir sa face › ; ses exigences essentielles sont d'un autre ordre [5]. »

Le psaume 24 a précisé les exigences à remplir pour se présenter devant Dieu. En **quatre** termes, le verset 4 les définit : si les deux premiers sont généraux : 1) **être innocent de mains** et 2) **être pur de cœur,** les deux autres termes vont constituer des applications plus précises : 3) **ne pas élever son âme vers la vanité (ou la fausseté)** et 4) **ne**

---

5. Jacques Dupont, *Les Béatitudes,* tome III, Gabalda, Paris, 1973, p. 563.

pas faire de serment pour tromper. Il faut demeurer dans la vérité. Quelqu'un qui est « pur de cœur » demeure dans la vérité et dans l'humilité.

La pureté du cœur est « **la parfaite rectitude inté-rieure**[6] ». Cette béatitude nous a souvent été présentée comme étant celle de la pureté « sexuelle ». Elle va certes l'inclure, mais elle ne peut se limiter à cette dimension. D'abord et avant tout, ceux qui sont purs « quant au cœur » sont droits quant au cœur. Ils ont un cœur qui n'est pas tordu, un cœur qui ne dévie pas.

Pour saisir la portée de cette affirmation, il faut en revenir à la vision biblique du cœur. Il ne s'agit pas là uniquement de l'affectivité ou de la sentimentalité. Le cœur désigne l'intérieur de la personne, l'être humain en sa totalité et non seulement dans sa dimension affective. Le cœur est ce lieu profond, parfois inconnu de la personne elle-même, où s'influencent les pensées, l'inconscient, les sentiments, la mémoire, la conscience, l'intuition, les désirs, etc.

Ainsi, au départ, « la pureté du cœur n'a pas partie liée avec la sexualité, contrairement à une interprétation courante... Avoir le cœur pur, c'est évacuer toute duplicité et vouloir uniquement ce que Dieu veut. Qui agit ainsi jouira du bien eschatologique par excellence : voir Dieu face à face, ce dont Moïse n'avait pu bénéficier[7]. »

---

6. Jacques Dupont, *Les Béatitudes,* tome III, Gabalda, Paris, 1973, p. 570.
7. Hugues Cousin, « Les yeux levés sur ses disciples, Jésus disait... », in *Vie spiri-tuelle* 698, janvier-février 1992, p. 15-16.

Éviter toute duplicité, c'est renoncer à tout détour pour masquer la vérité. En ce sens, cette béatitude pourrait aussi se traduire de la façon suivante : «Bienheureux ceux qui ont un cœur droit, bienheureux ceux qui ont un cœur qui ne louche pas, bienheureux ceux qui ont un cœur qui n'est pas tordu, qui n'est pas hypocrite, qui ne se leurre pas lui-même.» Finalement, elle regarde toute notre vie en relation avec Dieu. Elle devient question de loyauté et de vérité. «La pureté du cœur consiste précisément dans cette loyauté à l'égard de Dieu... Elle est essentiellement attitude religieuse, parfaite sincérité à l'égard de Dieu[8].»

La pureté de cœur ne pourrait-elle pas finalement être le courage et l'humilité de se poser les vraies questions : «Est-ce que Jésus-Christ ou Dieu est mon point de référence ? Est-ce que ma conduite est basée sur mon attachement à Dieu ? Est-ce que mon agir quotidien est en référence avec ma foi, avec les engagements de mon baptême, de mon mariage, de ma profession religieuse ou de mon sacerdoce ?» La pureté du cœur consiste à refuser toute fausse raison pour justifier notre péché, à rejeter tout alibi ou prétexte servant à camoufler notre manquement ou notre erreur. Elle consiste aussi à admettre la vérité, quelle qu'elle soit : oui, j'ai faussé la vérité, oui, j'ai été malhonnête, oui, j'ai manqué à mes engagements. Point de départ essentiel pour une véritable conversion.

---

8. Jacques Dupont, *Les Béatitudes,* tome III, Gabalda, Paris, 1973, p. 603.

Quand j'essaie de trouver toutes sortes de raisons pour justifier et couvrir mes bêtises, je ne suis pas droit quant au cœur. Si je ne vis pas l'amour comme Dieu me le demande, comme l'Évangile m'y invite, la droiture du cœur m'incline à le reconnaître en toute vérité et humilité. J'aurai beau dire que mes déviations me procurent un épanouissement personnel et présenter toutes sortes d'arguments pour me justifier, ce n'est que faux-fuyants et malhonnêteté et mensonge. Que j'aime ça, que ça me rende heureux, ça ne me donne pas la droiture du cœur pour autant. Être pur de cœur, c'est ne pas se mentir à soi-même, c'est reconnaître son péché quand on l'a commis. C'est avouer tout simplement : « J'ai fait une embardée ; maintenant, je veux me ‹ré-aligner› sur Dieu, sur Jésus-Christ. » Être pur de cœur, c'est prendre le risque de la vérité sur les raisons profondes de nos actions.

> Elle est **béatitude de l'authenticité de vie**. Elle exige que l'on vérifie les motivations qui amènent à agir. Tout ce qui est volonté de puissance et de domination, appât du gain, empoisonne le cœur. Cette pureté de cœur, définie comme le trésor de la vérité porté en soi, incite à dire la vérité. Il y aurait beaucoup à écrire sur ce devoir, non seulement de faire la vérité, mais de dire la vérité. Le cœur pur est celui du prophète qui dénonce au péril de sa vie toute forfaiture [9].

Cette béatitude de la pureté quant au cœur est porteuse d'espérance. En effet, en reconnaissant que j'ai dévié de ma route, j'affirme que ma route est encore orientée sur Jésus. Pour admettre que je me suis égaré, il me faut un point de

---

9. Pierre Talec, *L'Annonce du bonheur. Vie et béatitudes,* Le Centurion, Paris, 1988, p. 104-105.

référence. En confessant mon erreur, je confesse en même temps mon attachement à Jésus et je le reconnais comme mon point de référence. Je me suis éloigné de lui. Et pour prendre conscience que je me suis éloigné de lui, il faut que je sois déjà, d'une certaine manière, en contact avec lui. Je puis alors affirmer : « Seigneur, parce que je suis orienté vers toi, parce que je tiens à toi, je reconnais que je me suis trompé, je reconnais que j'ai manqué à mes obligations, je reconnais que j'ai péché, que j'ai dérapé et que j'ai quitté la route que tu m'indiquais. » Mon cœur peut alors être qualifié de pur parce qu'il s'exprime dans la vérité, la droiture et l'honnêteté.

On perçoit mieux alors comment la pureté du cœur peut exprimer une intention très sincère du cœur tout en étant contredite, dans les faits, par les manquements. Aussi faut-il souligner que cette pureté du cœur « est une affaire entre Dieu et l'homme dans l'intimité de ce qu'il a d'unique et de secret. Elle ne se juge pas à partir de ce que les autres perçoivent, mais de ce que Dieu voit. Lui seul sonde les reins et les cœurs [10]. » En ce sens, on peut dire que le cœur pur reflète quelque chose de Dieu.

Pourrait-on accuser saint Paul de ne pas être tout tourné vers le Christ et de ne pas s'être engagé entièrement à son service ? Et pourtant, il affirme clairement : *« Car je sais qu'en moi — je veux dire dans ma chair — le bien n'habite pas : vouloir le bien est à ma portée, mais non pas l'accomplir, puisque le bien que je veux, je ne le fais pas, et le mal que je ne veux pas, je le fais »* (Rm 7,18-19). Triste

---

10. Pierre Talec, *L'Annonce du bonheur. Vie et béatitudes,* Le Centurion, Paris, 1988, p. 105.

réalité… non uniquement réservée à saint Paul ! À chacun de reconnaître sa fragilité…

On pourrait aussi ajouter que l'intérieur et l'extérieur de sa personne devraient être « interchangeables ». Et cette vérité qu'on porte en soi comme un trésor enfoui devrait s'exprimer par une rectitude de vie, par la conformité entre ce qu'on est profondément et ce qu'on laisse paraître de soi. De plus, si l'on a un cœur pur et droit, on pourra assez facilement croire qu'il en est de même chez les autres. Puisque nous sommes reliés les uns aux autres par le cœur, comment ceux qui ne se font pas confiance peuvent-ils faire confiance aux autres ?

> La voie pour reconnaître Dieu est celle de la conversion. Seul l'homme au cœur pur peut voir Dieu. Comment pouvons-nous avoir l'assurance que notre cœur a atteint l'état de pureté ? Le grand mystique et ascète Isaac le Syrien donne la réponse suivante : « Quand un homme trouve que tous les hommes sont bons et que personne ne lui semble impur ou maculé, alors il a un cœur vraiment pur. » Et un autre maître de la vie spirituelle – Jean Climaque – nous parle ainsi : « Veille à ne pas tomber dans le jugement : Judas était un Apôtre, et le voleur, crucifié à la droite du Christ, était un assassin. Quel changement en un instant ! » [11]

Cette béatitude couvre de nombreux champs de l'agir humain et elle a son mot à dire dans les relations avec le prochain. « Elle est un faisceau de nombreuses qualités : limpidité des affections, transparence des relations humaines, fidélité à la parole donnée, loyauté des engagements, spontanéité des com-

---

11. En coll., *Képhas. Le Missel de la vie chrétienne,* tome 3, Le Sarment, Fayard, Paris, 1999, p. 536-537.

portements, clarté du regard, cette aptitude à toujours faire confiance, en un mot la vérité sans fard[12]. »

Le cœur pur n'est pas un cœur qui bat dans une espèce de cloche de verre aseptisée. Il fera l'expérience de la misère et des manquements. La vie d'une personne n'est pas limitée à ses actes. L'être humain est plus grand que ses actes. Dieu seul peut scruter les reins et les cœurs (*Sg* 1,6 ; *Jr* 17,10 ; *Ap* 2,23) et y percevoir une richesse insoupçonnée.

Être purs quant au cœur, c'est admettre notre bêtise, tout en conservant cette certitude que le Seigneur peut continuer de nous aimer quand même. Comme en fait foi l'exemple de saint Pierre, personnage si riche en couleurs. Il ne peut admettre que Jésus soit jugé et condamné à la mort. Il se porte à sa défense. Serait-il le seul à le défendre, il se tiendra à ses côtés. Devrait-il y laisser sa peau, il ne l'abandonnera pas. *« Même si tous tombent à cause de toi, moi, je ne tomberai jamais... »* (*Mt* 26,33). Jésus insiste : *« En vérité, je te le déclare, avant que le coq chante, tu m'auras renié trois fois »* (*Mt* 26,34). Et Pierre de répliquer : *« Même s'il faut que je meure avec toi, non, je ne te renierai pas »* (*Mt* 26,35). Et Matthieu d'ajouter : *« Et tous les disciples en dirent autant »* (*Mt* 26,35). Et tous les disciples... aussi bien admettre tout de suite que nous en faisons partie. La suite est connue.

Quelques jours plus tard, Jésus se trouve sur le rivage de la mer de Tibériade. Près d'un feu, comme lors du reniement,

---

12. Pierre Talec, *L'Annonce du bonheur. Vie et béatitudes,* Le Centurion, Paris, 1988, p. 104.

Jésus interroge ce même Pierre, par trois fois : « *Pierre, m'aimes-tu ?* » (Jn 21,15-17). Bien que Pierre ne veuille pas, cette fois-ci, s'enliser dans une comparaison avec les autres – l'expérience l'a assagi –, par trois fois également sa réponse jaillit claire et profonde : « *Seigneur, tu sais que je t'aime.* » Cependant, une attention doit être portée à la troisième réponse que Pierre, tout attristé de cette troisième demande, donne à Jésus : « *Seigneur, toi qui connais toutes choses, tu sais bien que je t'aime* » (Jn 21,17). Toi qui sais tout, tu sais que je t'ai renié, que j'ai manqué à ma parole. Toi qui sais tout, tu sais aussi ce qu'il y a au plus profond de mon cœur et tu sais à quel point je t'aime. L'évangéliste Jean, qui rapporte cet épisode, écrira dans une de ses lettres : « *Car si notre cœur nous accuse, Dieu est plus grand que notre cœur et il discerne tout* » (*1 Jn* 3,20). Malgré sa faiblesse, malgré son reniement, Pierre reçoit de Jésus la garde des membres de son Église. Le Christ reconnaît ainsi la droiture du cœur et de l'amour de Pierre.

Cette réaction de Jésus à l'endroit de Pierre rejoint ce que le prophète Ézéchiel annonçait déjà : « *Quant au méchant, s'il se détourne de tous les péchés qu'il a commis, s'il garde toutes mes lois et s'il accomplit le droit et la justice, certainement il vivra, il ne mourra pas. On ne se souviendra plus de toutes ses révoltes, car c'est à cause de la justice qu'il a accomplie qu'il vivra. Est-ce que vraiment je prendrais plaisir à la mort du méchant – oracle du Seigneur Dieu – et non pas plutôt à ce qu'il se détourne de ses chemins et qu'il vive ? Quant au juste qui se détourne de sa justice et commet le crime à la mesure de toutes les abominations qu'avait commises le méchant, peut-il les commettre et vivre ? De toute la justice qu'il avait pratiquée, on ne se souviendra pas. À cause de son infidélité et du péché qu'il a commis, c'est à cause d'eux*

qu'il mourra. Mais vous dites : ‹ Le chemin de Dieu n'est pas équitable ! ›
Écoutez, maison d'Israël : est-ce mon chemin qui n'est pas équitable ? Ce
sont vos chemins qui ne sont pas équitables. Quand le juste se détourne
de sa justice, commet l'injustice et en meurt, c'est bien à cause de l'in-
justice qu'il a commise qu'il meurt. Quand le méchant se détourne de la
méchanceté qu'il avait commise et qu'il accomplit droit et justice, il ob-
tiendra la vie. Il s'est rendu compte de toutes ses rébellions et s'en est dé-
tourné : certainement, il vivra, il ne mourra pas » (Éz 18,21-28).

Voilà pourquoi cette béatitude est porteuse d'espérance.
Malgré nos erreurs, nos propres reniements, cet amour sincère
de Jésus demeure au fond de notre cœur. Bien entendu, cette
pureté quant au cœur n'a rien de commun avec un laisser-aller
ou une vie totalement désarticulée de l'Évangile. Nous pouvons aussi, malgré nos faiblesses, oser affirmer : « Seigneur, tu
sais tout ce que j'ai fait de beau et de bon. Tu connais aussi tout
le mal que j'ai fait et que je regrette. Seigneur, toi qui sais tout,
tu sais bien que je tiens à toi et que je t'aime. »

Le cœur pur n'est pas un cœur préservé. Cette pureté
exige combativité et courage pour résister aux tempêtes de
l'existence et aux sollicitations de tant de compromissions. Devant les manœuvres de séduction en tous genres que le monde
déploie pour arriver à ses fins, le cœur pur risque de passer
pour un idiot, alors qu'il faudrait plutôt le considérer comme
un original [13], selon l'acception du terme « idiotisme » qui
veut dire « particularité, spécificité ».

---

13. Pierre Talec, *L'Annonce du bonheur. Vie et béatitudes,* Le Centurion, Paris, 1988,
p. 105-106.

Réflexion – actualisation

1. Dans le silence et le secret de mon cœur, j'écoute tout d'abord la question que Jésus m'adresse personnellement : « M'aimes-tu ? »
   Je laisse Jésus répéter doucement, à quelques reprises, cette même question.

2. Dans la vérité de mon cœur, je reprends les mots mêmes de Pierre pour donner ma réponse : « Seigneur, toi qui sais tout, tu sais bien que je t'aime. »

3. Quelle est la qualité de la droiture de mon cœur ? Dans les raisons que je donne pour justifier mes comportements, est-ce que je me préoccupe d'éviter tout ce qui est malhonnête ?

4. Quelle est la qualité de mes intentions dans tous les domaines ?

5. Quelle est la droiture de mes démarches dans la célébration du sacrement du pardon ?

6. Dans mes relations avec les autres, ai-je un regard limpide, vrai, empreint de bonté et qui ne juge pas ?

Chapitre 7

« Bienheureux les doux... »

Entrons maintenant dans le deuxième volet de notre réflexion, soit le bonheur en relation avec le prochain, avec certains comportements et attitudes à l'égard du prochain. Ici, la réflexion conduira de plus en plus en profondeur. Elle se poursuivra d'une manière fort concrète et devrait évoquer des situations quotidiennes. Avec Dieu, on peut toujours se tirer d'affaires en disant : « Dieu est silencieux » et croire que tout va bien. Avec le prochain, c'est moins facile parce que celui-ci n'est pas nécessairement silencieux ! Il arrive assez souvent qu'il s'exprime clairement. On ne peut cependant passer à côté de cette dimension de la vie chrétienne, puisqu'il s'agit du détecteur de mensonges de la relation avec Dieu. *« Si quelqu'un dit : ‹ J'aime Dieu ›, et qu'il haïsse son frère, c'est un menteur. En effet, celui qui n'aime pas son frère qu'il voit ne peut pas aimer Dieu qu'il ne voit pas »* (1 Jn 4,20).

Si nous sommes créés pour être heureux, selon l'affirmation de saint Thomas d'Aquin, nous sommes créés pour être heureux avec les autres. Être heureux avec les autres, grâce aux autres, et aussi rendre les autres heureux. Je suis également responsable, d'une certaine façon, du bonheur d'autrui. Il y a une partie qui m'incombe dans la réalisation de cette béatitude.

La première béatitude qui retient l'attention est celle de la douceur : *« Bienheureux les doux, car ils auront la Terre promise en héritage. »*

Parler aujourd'hui de douceur, c'est presque faire référence à un autre monde quand on considère la violence aux mille visages qui s'étale devant nos yeux : violence entre les nations, entre les ethnies d'une même nation, violence dans les foyers, entre les conjoints, à l'endroit des enfants, violence entre les individus, à l'endroit des personnes âgées ou impotentes, violence verbale, etc. Et tout cela, sans compter et noter toute forme de violence qui n'apparaît pas au grand jour. Ne faudrait-il pas enfiler des gants de boxe pour réussir à sauver sa peau ?

Au milieu de ce décor, Jésus proclame avec assurance : *Bienheureux les doux...*

Mais les doux, selon l'impression populaire, ne sont-ils pas des personnes qui manquent de colonne vertébrale, qui sont dépourvues de personnalité, qui sont un peu insignifiantes et qui n'ont ni caractère ni tempérament ? Les doux passent inaperçus et ne font pas beaucoup de tapage.

Parler de douceur fait d'abord référence à l'affabilité, à la courtoisie, à l'esprit de conciliation. D'où l'on glisse peu à peu vers l'idée d'un manque de caractère. Ce qui se confirme dans la réaction spontanée suivante : « Ne venez pas me parler de la béatitude de la douceur, car ce n'est pas la mienne, celle-là. Moi, avec mon tempérament ‹ soupe au lait ›... je ne suis pas fait pour ça du tout... Moi, la douceur ? Jamais ! Présentez-m'en une autre, mais pas celle-là ! » Timidité et douceur seraient-elles synonymes ? La personne douce serait-elle une espèce de « Jell-o » ? Et si c'était le contraire de cette impression ?

Parler de la douceur ne signifie pas parler d'une absence, d'un non-être... « Bienheureux les doux » ne signifie aucunement « bienheureux ceux qui n'ont pas de colonne vertébrale » !

Pour qualifier les doux, certaines traductions latines de l'Évangile de Matthieu ont le terme *mitis*. Que signifie ce terme ? Pour mettre sur la piste, pensons au mot « mitigé », qui évoque une transformation, une amélioration.

Quelques exemples pour illustrer cet énoncé. J'ai souvent entendu parler d'une eau « dure ». Un eau avec laquelle on a de la difficulté à laver. On aurait beau y verser une tonne de savon, ça ne mousse pas, ça ne lave pas. Que fait-on alors ? On ajoute du sel pour l'adoucir, la rendre utilisable ; de dure qu'elle était, elle devient *douce*. Un sol dur va exiger qu'on le travaille pour le rendre meuble, capable de produire. Il est devenu malléable. D'un sol très difficile à travailler, dans lequel on ne pouvait pratiquement rien semer, on a fait une terre malléable, meuble, pour employer une belle expression. De la viande dure pourra, si on sait s'y prendre, être attendrie.

Lorsqu'en latin est employé le verbe *mitigare* pour un aliment, c'est que celui-ci a été amolli par la cuisson ; pour le vin, c'est qu'il a été adouci par quelque « chaptalisation » ; pour des champs, c'est qu'ils ont été ameublis par un labour. *« Te aetas mitigabit »,* disait Cicéron, *« l'âge te calmera ».* Si l'on qualifie de *mitis* une eau, c'est qu'elle est calme – par rapport à un torrent ; un vin, c'est qu'il est moelleux ; une terre, c'est qu'elle est fertile ; un animal, c'est qu'il est apprivoisé ; un homme, c'est qu'il est indulgent ; une doctrine, c'est qu'elle est aimable. Somme toute, on est parti de la rigueur pour aboutir à quelque chose de supportable ; une nourriture lourde est devenue digeste ; un tempérament agressif, traitable ; un esprit tendu, apaisé ; un juge inexorable s'est laissé fléchir [1].

Il y avait de l'eau, il y avait de la terre, il y avait de la viande, c'est évident, mais elle a été adoucie, ameublie, attendrie. Ce qui a été adouci existait auparavant. Il en va ainsi avec la béatitude de la douceur. Les doux – qui avaient peut-être le cœur et le tempérament un peu raides – ont été assouplis, mitigés. Et j'ajouterais un exemple : une cheville cassée, après quarante jours d'immobilisation dans un plâtre, sera raide et aura besoin d'être assouplie. Ce retour à la normale exige un certain temps et bon nombre d'exercices.

Dans d'autres traductions latines, à la place de *mitis,* on rencontre parfois l'adjectif *mansuetus,* dérivé de *sueo* ou *suesco* : s'accoutumer, s'habituer. Ce terme souligne la dimension d'assouplissement (caractère), d'apprivoisement (rudesse naturelle). Là aussi, une transformation s'est accomplie, une maîtrise s'est établie.

C'est dans ce sens-là qu'il faut entendre l'expression : « Bienheureux les doux ». Bienheureux ceux qui ont du tempérament, bienheureux ceux qui ont du caractère, mais qui ont été travaillés, ameublis, adoucis. Voilà les doux dont parle Jésus dans la béatitude.

Comment cette réalité de la douceur prend-elle racine dans l'Écriture ?

---

1. Jean Ladame, *Les Béatitudes*, CLD, Chambray, 1984, p. 51-52.

A. Dans l'Ancien Testament

Parler de la douceur de l'Ancien Testament peut étonner de prime abord. La violence marque chacune des étapes de cette histoire dite sainte ! Comme le mensonge, d'ailleurs. Caïn tue Abel. Joseph est vendu par ses frères. Moïse tue un Égyptien qui a frappé l'un de ses compatriotes. La fin atroce d'Absalom. La mort de la reine Jézabel. Judith qui n'y va pas de main morte avec Holopherne ! La fin tragique des prophètes. Comme on peut le constater, cette violence n'est pas l'apanage des hommes. Terminons cette énumération avec le *psaume 58*, dont la verdeur de langage dit assez bien que Dieu lui-même, dans la pensée de son peuple, n'est pas un Dieu émasculé !

« À peine nés, les méchants sont dévoyés,
les menteurs divaguent dès leur naissance.
Ils ont un poison pareil au venin du serpent ;
ils sont comme la vipère sourde,
qui n'obéit pas à la voix des enchanteurs
et du charmeur le plus habile.

« Dieu ! casse-leur les dents dans la gueule aux méchants...
Seigneur, brise les crocs de ces lions.
Qu'ils s'écoulent comme les eaux qui s'en vont !
Que Dieu ajuste ses flèches, et les voici fauchés !
Qu'ils soient comme la limace baveuse,
comme le fœtus avorté, qu'ils ne voient pas le soleil !
Avant que vos marmites ne sentent la flambée d'épines,
aussi vif que la colère, il les balaiera. »

Et pourtant, la douceur s'y retrouve aussi. L'une des grandes figures sera celle de Moïse. *« Moïse était un homme extrêmement doux, plus que tous les hommes de la surface de la terre »* (*Nb* 12,3). Moïse, un homme doux ? Lui qui a tué un Égyptien, lui qui a cassé les tables de la Loi ? Comment peut-on arriver à le qualifier d'homme doux ?

> Que nous apprend le contexte ? Marie et Aaron mènent une campagne contre lui pour ruiner son autorité. Devant toutes ces menées, Moïse ne se défend pas. Si bien que c'est Dieu lui-même qui est obligé de le faire : il convoque les coupables à la Tente de réunion, sa colère s'enflamme contre eux et Marie est frappée de la lèpre. Conformément à son caractère, Moïse intercède pour sa sœur. Nous retrouvons ici le contraste entre celui qui est doux et celui qui s'échauffe. Moïse est l'homme calme, patient, doux dans la contradiction, et c'est Dieu lui-même qui s'échauffe et laisse éclater sa colère [2].

Voilà l'exemple de quelqu'un qui ne se défend pas, qui n'attaque pas. Et bien plus. Il prend parti pour celle qui l'a persécuté et qui est maintenant punie. Elle aurait bien mérité son châtiment, oserions-nous dire… **Le doux, c'est le contraire de quelqu'un qui s'échauffe facilement.** Ça ne veut pas dire qu'il ne réagit pas, qu'il est sans colonne vertébrale. Au contraire, il a la force de se dominer.

---

2. Jacques Dupont, *Le Message des béatitudes,* Cahiers Évangile, n° 24, mai 1978, p. 43.

B. Dans le Nouveau Testament

Quand il leur prescrit de ne pas tenir tête au méchant
(*Mt* 5,39s), Jésus entend faire de ses disciples des êtres doux.

> Dans l'Évangile, la violence est rapportée aux hommes, jamais à
> Dieu... Les racines de la violence jaillissent du plus profond de notre
> cœur et viennent, comme le dit l'évangile de saint Jean, de celui qui
> tire tout de son propre fonds, c'est-à-dire du mensonge, du diable
> (*Jn* 8,44). La violence vient de ce mensonge qui est au cœur de nous-
> mêmes, qui nous empêche de regarder la vérité en face et de l'ac-
> cueillir. La violence est un esclavage imposé aux hommes, celui d'un
> royaume fermé sur lui-même que nous voyons se manifester contre le
> Christ dans l'Évangile...
>
> Les hommes sont pris par la violence, elle les transperce, les traverse
> et va jusqu'au plus profond d'eux-mêmes. La violence est un esclavage
> dans la violence. Lui échapper, c'est pénétrer dans l'autre royaume,
> celui de l'amour. Car le péché n'a qu'une logique, tuer. Le péché tue
> au sens le plus fort du mot. Il tue jusqu'à la racine de l'être. Et la déci-
> sion de non-violence se trouve au cœur même de l'Évangile [3].

Telle est la révélation de la douceur dans le Nouveau Testament. Elle apparaît essentiellement comme le fruit de l'Esprit,
dans cette grappe que saint Paul égrène pour les Galates : *« Voici
le fruit de l'Esprit : amour, joie, paix, patience, douceur, maîtrise de
soi »* (*Ga* 5,22)... Et quand on dit que Jésus a été comme produit
par l'Ancien Testament, et qu'il en est sorti, dans tous les sens
du terme, pour tout amener à sa perfection, qu'a-t-il donc fait

---

3. M. J. Le Guillou, *Qui ose encore parler du bonheur ?*, Mame, Paris, 1991,
   p. 41-42.

de neuf avec cette réalité ? Pourquoi affirmait-il : *« Je suis doux et humble de cœur »* (*Mt* 11,29) ?

Jésus vient de loin. Issu de ce passé violent de l'Ancien Testament, quel aplomb de faire l'éloge de la douceur ! Quelle humilité provocatrice de se présenter ainsi : *« Regardez-moi ! je suis doux et humble de cœur… »* (*Mt* 11,29). Les contemporains de Jésus, de quelle oreille l'ont-ils entendu ? En tout cas, pharisiens, sadducéens et docteurs de la Loi n'ont pas reconnu en lui celui qui portait à son achèvement la douceur qui déjà filtrait à travers le témoignage de Moïse et autres personnalités de l'Ancien Testament. Jésus a donc révélé que cette douceur n'était pas pusillanimité ou mièvrerie. **Les doux ne sont pas des mous.** Jésus certes ne casse pas les tables de la Loi, mais il chasse à coups de fouet les vendeurs du Temple. Les invectives qu'il lance aux pharisiens, les traitant de tous les noms, montrent bien que la douceur de Jésus n'est pas démission, mais force pour dénoncer ce qu'il faut dénoncer. Les exigences posées pour le suivre sont redoutables : prendre la croix, laisser les morts enterrer les morts, quitter père et mère… Malgré tout, Jésus n'hésite pas à dire que *« son joug est doux et son fardeau léger »* (*Mt* 11,30). Qu'est-ce qui lui permet d'affirmer cela ? C'est que lui-même ne s'est jamais cabré contre la volonté de son Père. À Gethsémani, quelques heures avant de mourir, il laissera échapper ce cri : *« Que ce calice s'éloigne de moi, si c'est possible ! »* Mais d'ajouter immédiatement : *« Non pas ma volonté, Père, mais la tienne ! »* (*Mt* 26,39).

… On aimerait savoir comment Jésus a vécu cette douceur au jour le jour, mais les évangiles demeurent très discrets. Certainement douceur avec sa mère, dans une intimité dont on ignore tout. Douceur avec ses disciples, dans une quotidienneté qui nous échappe. Douceur avec ses amis, dans une proximité qui demeure secrète. Douceur au moment de la Passion. Arrêté au jardin des Oliviers, Jésus ne résiste pas et n'admet aucune brutalité : il guérit l'oreille de

Malchus et fait rengainer l'épée de Pierre. Il se taira devant ses juges et ne ripostera pas aux injures de ses bourreaux[4].

On ne peut nier que Jésus avait une colonne vertébrale. De la douceur, certes, mais du caractère aussi. Ainsi, quand il se porte à la défense de la vérité, il ne s'en laisse pas imposer. À son procès devant le grand prêtre, *« un des gardes le gifla en disant : ‹ C'est ainsi que tu réponds au grand prêtre ? › Jésus lui répondit : ‹ Si j'ai mal parlé, montre en quoi ; si j'ai bien parlé, pourquoi me frappes-tu ? › »* (Jn 18,22-23). Son tempérament bien trempé se manifeste aussi dans sa sortie contre les vendeurs du Temple. Son discours est clair et net. Son geste aussi. Même sa réaction finale en dit long : *« Puis il les planta là... »* (Mt 21,17).

En plus de l'affirmation elle-même où il déclare : *« Je suis doux et humble de cœur »* (Mt 11,29), il est un exemple éloquent de cette douceur : **l'entrée à Jérusalem** (Mt 21,5). C'est le seul endroit où réapparaît l'adjectif « doux » (qui ne se trouve ni chez Marc, ni chez Luc, ni chez Jean). Jésus arrive à Jérusalem monté sur un âne. Il se présente ainsi comme le roi plein de douceur annoncé par le prophète Zacharie (Za 9,9). Dans sa citation, Matthieu laisse tomber un certain nombre de choses pour mettre seulement en relief cet adjectif « doux ». Jésus est monté sur un âne. « Le texte de Zacharie oppose fortement l'âne et le cheval. Le cheval, c'est l'animal de guerre ; on n'aime pas les chevaux dans la Bible ; ce sont des animaux de

---

4. Pierre Talec, *L'Annonce du bonheur. Vie et béatitudes,* Le Centurion, Paris, 1988, p. 57-58.

combat. Venir sur un âne exprime la non-violence de ce roi, sa douceur, son humilité [5]. »

Jésus, s'il est doux, n'est cependant pas un mou. Quand il se compare au bon Pasteur, c'est pour exprimer qu'il donne sa vie pour ceux qu'il aime. Il prend soin de ses brebis, il va les défendre. Jésus est doux parce qu'il ne veut pas faire peser sur le dos des autres des poids inutiles. Par contre, aucun compromis avec la vérité.

À la violence qui sévissait autour de lui, Jésus a voulu apporter une réponse nouvelle. En se présentant comme un doux, il a voulu briser certaines images qui risquaient de défigurer sa personnalité. Pour bien saisir cette dimension de la personnalité du Christ doux, il faudrait aligner ici certains textes de l'Évangile qui nous démontrent comment, dès le début de sa vie, le Christ est enveloppé par la violence. Il suffit de penser aux saints Innocents (*Mt* 2,16), à l'épisode de la femme adultère (*Jn* 8), à la demande que Jésus adresse à Pierre de rentrer son glaive lors de son arrestation (*Jn* 18,11), à la question des fils de Zébédée d'être à la droite et à la gauche du Seigneur au jour de son triomphe (*Mc* 10,37), au Christ bon Pasteur qui s'oppose par le don de sa vie au mercenaire qui décime le troupeau (*Jn* 10). Ces séries d'événements montrent à quel point le Christ supporte la violence des hommes. Face à elle, il n'a qu'une réponse : la douceur…

─────────────

5. Jacques Dupont, *Le Message des béatitudes*, Cahiers Évangile, n° 24, mai 1978, p. 47.

Un bel exemple de cette maîtrise de Jésus dans un moment de forte tension est son comportement au jardin des Oliviers. Pierre s'échauffe tandis que Jésus demeure calme. *« Alors, Simon-Pierre, qui portait un glaive, dégaina et frappa le serviteur du grand prêtre, auquel il trancha l'oreille droite ; le nom de ce serviteur était Malchus »* (Jn 18,10). Aussitôt, Jésus admoneste Pierre : *« Remets ton glaive dans ton fourreau. Comment ? Je ne boirais pas la coupe que le Père m'a donnée ? »* (Jn 18,11). Seul Luc — peut-être plus attentif à ce détail parce qu'il était médecin ! — rapporte le fait suivant : *« Et Jésus, lui touchant l'oreille, le guérit »* (Lc 22,51). Comme maîtrise de soi et bonté, il se fait difficilement mieux.

La vraie douceur ne détruit pas le caractère ; elle le dompte, le modère et le tempère. Elle ne peut non plus se définir uniquement par la non-violence. La douceur ne préserve pas de vives tensions intérieures, de bouleversements émotifs. Face à ces troubles, il faut se poser la question suivante : est-ce que je maîtrise mes émotions ou bien suis-je l'esclave de mes émotions ? La vraie douceur est une conquête. J'en arrive à ne pas me laisser aller à des gestes désordonnés, à des paroles blessantes, tout en restant debout. Et je puis en venir, en pratiquant cette douceur, à ne plus être affecté même intérieurement. Mais cela exige un exercice quotidien.

> Outre qu'une bonne définition ne doit pas être négative, la non-violence exprime trop une passivité, une inertie ; d'autre part, elle s'oppose aux contraintes et aux emportements extérieurs des hommes alors que la douceur résiste avant tout au bouillonnement intérieur des passions [6].

6. Jean Ladame, *Les Béatitudes,* CLD, Chambray, 1984, p. 52-53.

Il serait facile aussi de mettre la douceur au compte de la paresse, de l'indolence, de l'indécision, de la crainte, du manque de personnalité, d'une diplomatie mielleuse, d'une politesse mondaine. La douceur est conciliante, mais jamais au détriment de la vérité. La béatitude de la douceur et les « nouilles » ne font pas partie du même menu ! Au contraire, la douceur

> exige une personnalité ferme et une énergie peu commune ; elle est conditionnée par la force d'âme et la domination de soi-même. La vigueur naturelle n'a pas été anéantie, mais rendue souple et docile, respectueuse d'autrui... La raison contrôle les mouvements des sentiments ; elle les empêche d'abord de s'exprimer par les débordements de la colère ; elle maintient surtout l'âme en harmonie avec elle-même et avec les autres. L'homme doux ne se laisse donc pas aller à des gestes désordonnés, à des paroles blessantes ; avec une fermeté tranquille, il garde sa dignité malgré les affronts, les insultes et les injustices. Il arrive même à n'en être plus affecté intérieurement[7].

Il faut une forte personnalité pour pratiquer la douceur, parce que la douceur est à la fois souplesse, fermeté et constance. La douceur permet de conserver son calme. Quelqu'un qui demeure calme révèle une personnalité forte, puisqu'il maîtrise ses réactions. Un énervé ne domine pas la situation. Il ne se domine pas lui-même. Un doux a du caractère, mais il se maîtrise. Il évitera les attitudes cassantes qui ne règlent rien. Il fait preuve de charité, une charité qui agit non seulement dans son tempérament, mais aussi dans son intelligence et qui est capable de lui faire voir les choses différemment. Un doux est capable d'accepter que l'autre fasse des choses moins heu-

---

7. Jean Ladame, *Les Béatitudes*, CLD, Chambray, 1984, p. 52-53.

reuses, sans l'enfermer dans un jugement définitif et irré-
versible.

La douceur est une conquête

> On peut naître lâche, veule, sans énergie, ni ressort ; mais on ne naît
> pas doux : on le devient. Même les caractères les plus faibles qui, par
> timidité ou paresse, ne se rebellent pas contre les hommes ou les
> situations, n'en bouillonnent pas moins en eux-mêmes en face de
> l'adversité et, parfois même, plus péniblement que ceux qui usent de
> cette soupape de sécurité qu'est une bonne colère[8] !

En ce sens, on peut donc affirmer que la douceur est une
véritable conquête. Il faut du travail, de l'entretien et de la patience. À ce propos, relisons la parabole du figuier stérile
(*Lc* 13,6-9). Ce figuier profite de la terre et des soins du jardinier
sans produire de fruits. C'est un ***profiteur***... Bien du feuillage.
La coiffure spirituelle toujours au beau fixe, mais pas une petite
figue là-dedans. *« Que je le bêche tout autour... que je l'ameu-
blisse ! »* Quand le Seigneur nous « bêche », c'est pour nous
amener à produire du fruit. Ça donne la chance de pratiquer un
peu la vocalise... Ou comme on va en acupuncture. Tout juste
sur les points sensibles !

> La vie n'est pas douce, en effet, et nous devons avec ténacité surmon-
> ter barrières et traverses. Il nous faut guerroyer sans cesse pour
> obtenir ou sauvegarder nourriture et métier, place au soleil, vie fami-
> liale et développement humain. Il nous est donc nécessaire de vaincre
> l'adversité et, plus encore, de triompher de nous-mêmes. En toutes

---

8. Jean Ladame, *Les Béatitudes,* CLD, Chambray, 1984, p. 54.

ces empoignades – économiques, sociales, politiques, morales, spirituelles –, seuls les forts remportent la victoire.

… Lorsque les nerfs sont à vif, ce sont les colères, les injures, le van-
dalisme, les railleries, l'humour noir et démolisseur, les médisances et
calomnies, la cruauté affective, le scepticisme, les ressentiments et la
haine. En même temps se développent la recherche de la suprématie,
l'esprit vindicatif et réformateur, l'autoritarisme vis-à-vis des plus
faibles, afin de surcompenser l'écrasement que l'on subit de la part
des plus forts.

Tous ces germes d'irritation et d'agressivité, nous les portons en nous
à cause de notre nature déviée par la faute d'origine, à cause aussi du
monde mauvais et hostile où il nous faut vivre. La lutte est bonne
lorsqu'il nous faut obtenir des biens difficiles à conquérir ; il est donc
des saines et saintes colères lorsque celles-ci s'opposent au mal et à
l'injustice. Mais dès qu'il nous faut nous battre au milieu des autres –
qui partagent les mêmes désirs et les mêmes difficultés que nous –,
des heurts risquent d'être inévitables et c'est alors que doit intervenir
la vertu de douceur, c'est-à-dire, en fin de compte, cette modération
qui enlève à l'égard du prochain toute rudesse dans le combat que
nous avons à mener, qui tempère d'indulgence et de bonté nos
efforts, et pugnacité dans la bataille de l'existence[9].

Le doux est le contraire de l'agresseur, du violent. Le doux
est bienveillant et n'attaque pas. Ainsi donc, le doux, selon les
béatitudes, n'a rien « à voir avec ces égotismes petits-bourgeois
bien à l'abri dans leurs niches, voulant surtout ne pas avoir
d'histoires avec leur voisin [10] ».

---

9. Jean Ladame, *Les Béatitudes,* CLD, Chambray, 1984, p. 54-56.
10. Jean-François Six, *Les Béatitudes aujourd'hui,* Seuil, Paris, 1984, p. 112.

Un doux est donc celui qui n'attaque pas et qui, selon l'expression de saint Jacques, va s'efforcer de faire *« disparaître l'amère jalousie, l'esprit de chicane »* (*Jc* 3,14), ce que Paul reprend à sa façon dans les termes suivants : *« Rappelle à tous qu'il faut n'outrager personne, n'être pas batailleur, se montrer bienveillant et témoigner à tous une* **parfaite douceur** *»* (*Tt* 3,2). C'est parfois la jalousie qui est la cause profonde de l'attaque sauvage des autres, oubliant trop souvent la qualité de ses propres richesses. Au lieu de considérer ce qu'on a pour ainsi mieux l'apprécier, on a la manie de toujours scruter ce que les autres possèdent.

Ne faudrait-il pas lire en ce sens l'exhortation de Jésus, en *Mt* 7,1-5 (la paille et la poutre) ? *« Homme au jugement perverti, ôte d'abord la poutre de ton œil, et alors tu verras clair pour ôter la paille de l'œil de ton frère »* (*Mt* 7,5).

Juger est en effet un de ces comportements qui, dans les relations entre personnes, s'oppose à la douceur, en portant attaque à autrui et en lui causant du tort... Cette interpellation imagée de *Mt* 7,3-5 [11] vient compléter et préciser l'exhortation précédente (*Mt* 7,1-2 [12]). Ne juge pas, disait celle-ci. Et si tu es tenté de le faire, précise la suite,

---

11. « Pourquoi concentres-tu tes regards sur le brin de paille que tu as remarqué dans l'œil de ton frère – alors que tu ne te rends pas compte qu'il y a une grosse poutre dans le tien ? Comment oses-tu dire à ton frère : ‹ Cher frère, viens que je t'enlève cette paille dans ton œil ›, quand tu ne remarques même pas la poutre qui est dans le tien ? Hypocrite, va ! Commence donc par retirer la poutre de ton œil, alors tu y verras assez clair pour ôter la paille de l'œil de ton frère. »

12. « Ne vous posez pas en juges d'autrui, pour ne pas être mis vous-mêmes en jugement. Car Dieu vous jugera vous-mêmes de la manière dont vous aurez

commence par te regarder toi-même. Ainsi, garde-toi du jugement inconséquent : applique-toi d'abord à toi-même la mesure dont tu veux mesurer tes frères[13]. Et si, tout en t'abstenant de condamner ceux-ci, tu continues de juger répréhensible leur conduite, garde-toi, précisera encore *Mt* 18,15-18[14], d'un jugement irresponsable : va trouver ton frère et sois prêt à tout faire pour lui donner les chances de se reprendre[15].

Qu'on a donc une bonne vue pour aller chercher les défauts chez les voisins. Pas de myopie pour dénicher les manquements des autres, mais quelle presbytie quand il s'agit des siens !

Tout en étant cette alliance subtile et délicate entre souplesse, fermeté et constance, la douceur « exclut le sectarisme et la dureté du cœur, qui sont les fruits empoisonnés de la suffisance de soi. Ceux qui sont conscients de leur propre indigence

---

jugé votre prochain, et il vous appliquera la mesure dont vous vous serez servi pour le mesurer. »

13. *Mt* 7,3-5 applique ici aux frères, c'est-à-dire aux disciples, ce qui dans l'exhortation de 7,1-2 paraissait concerner tout le monde.

14. « S'il arrive à ton frère de commettre un péché, va le trouver, parle en tête à tête avec lui et montre-lui sa faute. S'il se laisse convaincre, tu auras gagné ton frère. S'il ne t'écoute pas, reviens le voir en prenant avec toi une ou deux autres personnes, pour que tout ce qui sera dit soit appuyé sur les déclarations de deux ou trois témoins. S'il refuse de vous écouter, dis-le à l'Église. S'il refuse même d'écouter l'Église, mets-le sur le même plan que les païens et les gens avec qui vous évitez toute relation. Vraiment, je vous l'assure : tout ce que vous aurez défendu ou permis sur la terre sera sanctionné par l'autorité divine » (*Mt* 18,15-18).

15. Michel Gourgues, *Foi, bonheur et sens de la vie. Relire aujourd'hui les béatitudes*, Médiaspaul, Montréal/Paris, 1995, p. 54,58.

sont présents et attentifs à l'indigence d'autrui… La douceur détient le secret du calme ; c'est pourquoi elle est une force [16]. »

Alors qu'une personne colérique peut tout faire sauter, la personne douce possède une force insoupçonnée, grâce à sa ténacité. Comme l'amour, la douceur n'est pas aveugle, elle ferme parfois les yeux.

---

16. François Varillon, *Éléments de doctrine chrétienne*, p. 253-254.

Réflexion – actualisation

1. Est-ce que je me refuse à vivre la béatitude de la douceur en arguant : « Je suis fait(e) comme ça » ?

2. Quels sont les derniers gestes de douceur que j'ai posés, alors que j'étais intérieurement bouleversé ?

3. Qu'est-ce qui a le don de me faire perdre la maîtrise de mes émotions ?

4. Rappelez-vous un événement au cours duquel vous avez vraiment posé un geste de douceur, de maîtrise. Quelle sorte de bonheur, de joie a alors envahi votre cœur ?

5. Quel aspect de ma personnalité devrai-je travailler pour acquérir la douceur et pour m'empêcher d'être à la remorque de mes émotions ?

Chapitre 8

« Bienheureux les miséricordieux... »

L e rejet de Jésus dans l'Évangile — *« Ne connaissons-nous pas son père et sa mère ? »* (Jn 6,42) — n'est pas un comportement réservé uniquement aux « ennemis » de Jésus. Ainsi, quand quelqu'un me fait un reproche, je peux facilement rétorquer : « Qui es-tu pour me parler ainsi ? Je te connais. Tu es mal placé pour me faire la leçon. » Et n'oublions pas non plus que nous sommes envoyés pour porter la Bonne Nouvelle dans notre propre milieu de vie, là où tout le monde connaît nos talents, nos capacités, mais aussi nos limites et nos mesquineries.

Dans la deuxième vague de ce volet sur le bonheur en relation avec le prochain, il faut maintenant aborder certaines réalités qui ne sont pas de tout repos. Il importe cependant que les choses soient nommées par leur nom, autrement on fait faux bond à l'Évangile. Cette relation avec le prochain ne manque pas de nous éclairer sur notre relation avec Dieu. *« Ce que tu fais au plus petit d'entre les miens, c'est à moi que tu le fais »* (Mt 25,40). Pour résumer toutes ces questions, je pourrais tout simplement reprendre cette petite phrase : « Est-ce que Jésus *signerait* ça ? » Est-ce que Jésus *signerait* ma façon de considérer les autres, de les traiter ? Est-ce que Jésus *signerait* mon comportement à l'endroit du prochain ?

Si les doux ont une colonne vertébrale, n'attaquent pas, se maîtrisent et se tiennent debout, cela ne suffit pas ; il faut encore pousser plus avant pour suivre l'enseignement de Jésus. Ce n'est pas tout de ne pas faire le mal, il faut de plus ne pas rendre le mal pour le mal, il ne faut pas contre-attaquer. Voilà ce deuxième aspect de la béatitude de la miséricorde qui conduit plus loin encore notre démarche à l'endroit du prochain.

> Le mot « miséricorde » n'est plus guère employé et on dit rarement de quelqu'un qu'il est « miséricordieux ». Serait-ce là seulement le fait du vieillissement d'un mot sans que l'admirable réalité de bonté, de pitié, de pardon et de compassion qu'il voulait évoquer soit mise en question[1] ?

Il faut bien le reconnaître, la miséricorde n'a pas tellement bonne presse. Alors que, selon certains, la douceur se rapporterait à des personnes qui n'ont pas de colonne vertébrale, la miséricorde serait le lot de personnes qui n'ont pas de cœur. Ce qu'elles ont vécu ne les a pas assez touchées ou rejointes, voilà pourquoi elles peuvent pardonner si facilement. Elles n'ont pas été atteintes en profondeur. Si elles avaient été blessées sérieusement, elles ne pardonneraient pas aussi facilement.

> Les mots « miséricorde », « miséricordieux » hérissent, avec raison, bon nombre d'entre nous. On objectera que l'étymologie en est fort belle, qu'elle montre bien l'attitude de quelqu'un qui se penche sur la misère d'autrui. Mais justement, il y a cette manière maternaliste qui gêne. N'y a-t-il pas, dans l'exercice de la miséricorde, une façon d'entourer, d'englober[2] ?

Ce qui correspondrait alors à une certaine forme de domination. Alors que le pardon laisse l'autre entièrement libre, la miséricorde ne comporterait-elle pas une certaine forme de manipulation ?

---

1. René Coste, *Le Grand Secret des béatitudes,* SOS, Paris, 1985, p. 185.
2. Jean-François Six, *Les Béatitudes aujourd'hui,* Seuil, Paris, 1984, p. 123.

Il faut bien le reconnaître, nous vivons dans un monde dur où le cœur semble avoir été complètement anesthésié.

> Le monde contemporain est un monde sans pitié : la science et la technologie, qui prétendent tout régenter, font appel à la froide raison mathématique ; la société industrielle ne pense qu'à la rentabilité, suscitant l'âpreté des revendications sociales ; la politique comme l'économie connaissent des luttes sans merci ; le terrorisme, qui se répand partout, frappe aveuglément et les froids calculs stratégiques de la guerre presse-boutons comptent en millions de morts les ravages d'un éventuel conflit atomique où les grandes villes constitueraient l'enjeu suprême [3].

Un monde exigeant où la science et la technologie, souvent, ne laissent pas facilement place aux sentiments ou aux émotions. Dans le monde de l'industrie et du commerce, le facteur de décision est celui de la rentabilité et de la productivité en vue de la maximisation des profits. Quand on décide, par exemple, de diminuer le personnel dans une industrie ou dans un commerce et que des personnes doivent être mises au chômage, la pitié n'a pas nécessairement son mot à dire au conseil d'administration. Dans les banques, les profits se comptent par milliards, mais les intérêts versés aux petits épargnants sont plutôt minces.

On en vient même à parler d'une guerre propre, exécutée avec la précision d'un chirurgien qui manie son bistouri. Comme s'il pouvait exister une guerre propre ! « On a réussi le bombardement. Il y a bien eu quelques dommages collatéraux,

---

3. René Coste, *Le Grand Secret des béatitudes,* SOS, Paris, 1985, p. 185.

mais ce fut tellement propre. » Dommage collatéral ? Une petite bombe serait tombée sur un coin de la galerie ou quelque fontaine décorative ? Mais non. C'est une façon élégante et détournée de dire que des civils sont morts.

Aujourd'hui, c'est à se demander si on a déjà entendu parler de la réalité évangélique du pardon. On vit actuellement dans un monde de vengeance. C'est à qui retirera le plus d'argent de quelque situation malheureuse. Je puis, cependant, regarder toute cette situation en spectateur et ne pas me sentir impliqué le moindrement. Il est temps de m'arrêter et de m'interroger : quelle est la place de la miséricorde et du pardon dans ma vie de disciple de Jésus ? Dans ce monde dur avec des chrétiens qui sont durs et sans pitié, Jésus, aujourd'hui comme hier, proclame :

Bienheureux les miséricordieux, car il leur sera fait miséricorde.

Bienheureux ceux qui ont de la matricie, car ils seront matriciés (Chouraqui).

Bienheureux ceux qui ont un cœur ouvert à la misère, car on accueillera leur misère.

Quand Jésus déclare : *« C'est la miséricorde que je veux et non le sacrifice »* (*Mt* 9,13), est-ce tout simplement une pieuse déclaration ou une révélation sur l'échelle de valeurs de Dieu ? Comment peut-on passer à côté de cette question de la miséricorde ? Comment peut-on arriver à frauder des gens et les condamner ainsi à la misère ? Comment peut-on en arriver à aller

communier sans même se poser de question sur ses responsa-
bilités sociales ?

Les doux n'agissent pas avec violence et les miséricordieux
ne réagissent pas avec violence. Pour mieux saisir cette réalité
de la miséricorde, il faut approfondir notre compréhension du
Sermon sur la montagne. En effet, plus loin, Matthieu précise
sa pensée : *« Vous avez entendu qu'il a été dit : ‹ Œil pour œil, dent
pour dent. › Moi, je vous dis : ‹ Ne résistez pas au méchant. › À celui qui
te frappe sur la joue droite, présente la gauche. À celui qui veut te faire
un procès et prendre ta tunique, donne ton manteau. Si quelqu'un te
réquisitionne pour faire un mille avec toi, fais-en deux avec lui »*
(*Mt* 5,38-42).

« Œil pour œil, dent pour dent... » Quand je lis ce texte du livre
de l'Exode (21,23-25), j'en arrive parfois à considérer pareille loi
comme étant arriérée, épouvantable. Quelle horreur ! Mais
c'était tout de même un progrès, car auparavant, si quelqu'un
était blessé, il pouvait se venger jusqu'au bout de ses forces. Avec
cette nouvelle directive du « œil pour œil », il fallait modérer ses
transports ! Si on t'arrachait une oreille, tu n'en arrachais
qu'une seule, la gauche ou la droite à ton choix, mais une seule !
Si on te cassait une dent, tu ne pouvais qu'en casser une seule,
pas question de lui enlever son dentier ! Mais dites-moi donc où
on en est aujourd'hui ? Est-ce qu'on ne serait pas revenu à cette
politique et même un peu avant ? C'est la vengeance qui prime,
dans un monde où la solution immédiate est d'actionner les gens
plutôt que de pardonner, d'intenter un procès pour soutirer des
milliers de dollars plutôt que d'apprendre à pardonner. Et je ne

parle pas des fausses accusations où la réputation des personnes est détruite totalement. Quelqu'un dit : « Je te demande pardon », l'autre de riposter : « Tu vas me le payer ! » Tout cela entre baptisés... « Tu vas me le payer ! » Œil pour œil, dent pour dent... et deux dents pour une dent.

« Ne résistez pas au méchant... » Tout un changement ! Remarquez bien le discours de Jésus : *« Si on te frappe... si on veut te faire un procès et prendre ta tunique... si on te réquisitionne... »* Tous des verbes de violence. Pas beaucoup de délicatesse dans ces attitudes, y compris pour le verbe « réquisitionner », qui signifie qu'il n'y a aucun choix possible. Symon de Cyrène est réquisitionné pour porter la croix de Jésus. Il a obéi aux ordres que les soldats lui ont intimés. Pas de liberté dans pareille circonstance.

Qu'est-ce que Jésus veut nous faire comprendre par un tel discours ? La violence devient une sorte de cercle vicieux. Tu me frappes, je te frappe et tu me refrappes et je te refrappe... et ça n'a plus de fin. C'est le mouvement perpétuel. Comment y mettre fin ? Il faut briser ce cercle de violence, autrement on en devient prisonnier. En nous révélant que Dieu est un père de miséricorde, Jésus nous apprend que Dieu ne se laisse pas arrêter par des situations sans issue. Dieu ne se laisse pas arrêter par des jugements sans appel. Nous sommes en retard sur Dieu dans la grande majorité des points, mais nous pouvons nous consoler, car nous sommes en avance sur un point : le jugement dernier pour les autres. Dieu attend que nous soyons tous morts pour le jugement dernier, alors que nous avons en réserve quelques jugements derniers sur les autres bien avant leur mort.

En y regardant de près, je m'aperçois à l'occasion que je me suis trompé dans mes jugements et que j'ai commis ce qu'il est convenu d'appeler un «jugement téméraire». Téméraire? On se demande souvent ce que cela signifie. Il serait peut-être plus simple d'employer un autre adjectif et de parler de «jugement temporaire». Je me suis trompé. J'ai été trop vite. Le jugement que j'avais décrété d'une manière définitive n'est pas juste et se révèle être un faux jugement. Il existe une tendance certaine à intégrer facilement les autres dans le *Gloire soit au Père* : «Comme il ou elle était au commencement, comme il ou elle est maintenant et comme il ou elle sera tout le temps...» Quand j'affirme qu'il n'y a rien à faire avec lui ou elle, je viens de classer, de cataloguer cette personne définitivement, je viens de l'embaumer. L'autre ne peut plus s'en sortir. C'est vrai qu'il a commis une erreur... Et moi, je n'en commets jamais? Il est grand temps d'aller relire la parabole de l'enfant prodigue ou, mieux, du Père prodigue (*Lc* 15,11-32).

« Un homme avait deux fils. Le plus jeune dit à son père : ‹ Père, donne-moi la part de bien qui doit me revenir... › » « Un homme avait *deux fils.* » Pourquoi deux? Pour le père, c'est important qu'on vive la fraternité et l'on ne peut vivre la fraternité tout seul. Tout en voulant relever du père et profiter de ses largesses et de sa bonté, les deux fils ne s'entendent pas. Du moins, on connaît le point de vue de l'aîné. Celui-ci voudrait bien hériter de tout ce que le père possède, et il y a droit puisqu'il est «plus-que-parfait», à son propre point de vue. Il n'admet pas le comportement de son frère et il n'est pas d'accord avec l'attitude de son père. Mais l'erreur du plus jeune va révéler non seule-

ment le cœur du plus jeune, mais également le cœur du plus vieux. **L'erreur de l'autre révèle souvent mon propre cœur.** Ma réaction face à l'erreur de l'autre est révélation de mon propre cœur.

Chez les deux fils, il y a méconnaissance de leur père. L'aîné le considère comme un homme de justice, mais sa vision de la justice est tellement étroite qu'il en fait un justicier. C'est une tragédie. Le jeune considère également son père comme un homme juste. « *Combien d'ouvriers de mon père ont du pain de reste, tandis que moi, ici, je meurs de faim… Je vais retourner chez mon père… Traite-moi comme un de tes ouvriers* » (*Lc* 15,17.19). Son père traite bien ses employés. Ils ont même de la nourriture de reste. Mais le cadet ne connaît pas la grandeur du cœur de son père. Non seulement son père est juste, mais il est miséricordieux.

L'aîné va vouloir se dégager de son lien fraternel. « *Mais quand ton fils…* » (*Lc* 15,30). Il ne parle pas de son frère, non, mais de *ton fils.* Il ne veut rien savoir de lui. Il ne veut conserver que le lien avec le père. Et celui-ci de remettre les pendules à l'heure : « *Ton frère que voici…* » (*Lc* 15,32). Un texte bouleversant.

Parler de miséricorde, c'est parler de la remise des dettes. Le miséricordieux est celui qui ne contre-attaque pas, qui ne rend pas le mal pour le mal. Pour vivre la miséricorde, il faut tout d'abord reconnaître que des choses pénibles nous ont été faites. La charité ne va pas sans la vérité. Et je ne puis pardonner si je ne commence pas par admettre qu'il y a une blessure.

D'autre part, l'autre ne pourra prendre conscience de ce qu'il a fait s'il ne réalise pas qu'il a blessé. *« Rentrant en lui-même, le fils se dit... »* (*Lc* 15,17). Cette prise de conscience va le conduire au père miséricordieux, à ce *« Dieu riche en miséricorde »* (*Ép* 2,4).

Jésus est venu nous présenter un Dieu tout-puissant qui est aussi tout-impuissant parce que limité par notre propre réponse libre d'acquiescer à son amour prévenant. Un Dieu qui est pris aux entrailles. Un Dieu qui a pitié, qui se laisse rejoindre en profondeur.

> Que nous soyons responsables ou pas de nos malheurs, fautifs ou pas, pour Dieu, ce qui compte c'est d'être ce qu'il est : Amour. Amour qu'il nous exprime sous les traits délicats de cette face de tendresse qui s'appelle miséricorde.
>
> La miséricorde n'est pas une qualité de Dieu parmi d'autres. Elle est Dieu au cœur de lui-même. Dieu cordial. Dieu, quel sacré cœur[4] !

Combien de fois l'Écriture ne nous rappelle-t-elle pas que Dieu est compatissant et miséricordieux ! Pour n'en donner que quelques exemples :

— *« Je fais grâce à qui je fais grâce et j'ai pitié de qui j'ai pitié »* (*Ex* 33,19).

— *« Le Seigneur passa devant Moïse et proclama : ‹ Le Seigneur, le Seigneur, Dieu miséricordieux et bienveillant, lent à la colère, plein de fidélité et de loyauté... › »* (*Ex* 34,6).

---

4. Pierre Talec, *L'Annonce du bonheur. Vie et béatitudes,* Le Centurion, Paris, 1988, p. 84.

— « Peut-on trouver un Dieu comme toi ? Tu pardonnes ce qu'il y a de pire. Ton bonheur, c'est de faire grâce… De nouveau, il nous manifestera sa miséricorde » (Mi 7,18-19).

— « Nos pères ont été orgueilleux, ils ont raidi leur cou et n'ont pas écouté tes ordonnances… Mais toi, tu es le Seigneur des pardons, bienveillant et miséricordieux » (Né 9,16-17).

— « Maintenant, je changerai la destinée de Jacob, j'userai de miséricorde envers toute la maison d'Israël et je me montrerai jaloux de mon saint nom » (Éz 39,25).

Et le psalmiste de résumer ainsi :

« Bénis le Seigneur, ô mon âme, et n'oublie aucune de ses largesses…
Le Seigneur, voilà ce qu'il est : miséricorde, lent à la colère,
toujours fidèle…
Comme la tendresse d'un père pour ses petits,
le Seigneur est tendresse pour ceux qui savent le reconnaître »
(Ps 103,2.8.13).

Dieu se fait proche. Ce Dieu qui pardonne se fait proche des personnes. Se faire proche des gens à qui on pardonne ne signifie pas qu'on est d'accord avec ce qui a été fait. Quand le Seigneur nous comprend et nous accueille dans notre misère, cela ne signifie pas pour autant qu'il approuve notre comportement, qu'il nous félicite pour nos erreurs. En ce sens, le film *La Dernière Marche* présente un exemple pathétique de cette réalité. Une religieuse est mandatée pour accompagner un condamné à mort qui est accusé de l'assassinat de deux jeunes. Elle va rencontrer les deux familles des jeunes amoureux assassinés. Or, quand les parents de ces derniers apprennent qu'elle s'occupe de l'assassin, leur réaction est très vive : « Si vous êtes avec lui, vous ne pouvez être avec nous. Ça veut dire que vous êtes pour lui. » Mais tel n'est pas le cas. Comprendre l'autre ne signifie pas nécessairement l'approuver. Quand je me confesse, Jésus me dit : « Ce que tu as fait, ce n'est pas bien, mais je te comprends et je te pardonne. » En aucune manière il n'affirme : « Ce que tu as fait était bien. » Jésus se fait proche des pécheurs. Habituellement, il guérit les malades qu'on lui amène ; exceptionnellement, il se rend auprès d'eux. Par contre, il a passé son ministère à se rendre auprès des pécheurs. Il est le bon Pasteur. Il doit alors chercher ses moutons là où ils se trouvent. Si on n'en prend pas soin, ils risquent de mourir là où ils sont tombés. Souvent, ils ne peuvent plus se relever. Jésus se fait proche d'eux sans nécessairement approuver leur égarement.

Jésus compatit. Jésus compatit à la misère des personnes autour de lui. Il s'émeut devant la peine de Marthe et de Marie au moment de la mort de Lazare (*Jn* 11,35). Une veuve qui vient de perdre son fils unique risque de se retrouver dans une situation très pénible. Elle n'aura plus personne pour la défendre. Il rend à la vie le fils de la veuve de Naïm (*Lc* 7,11-17). Les exemples peuvent s'additionner.

Jésus pardonne. On cherche à piéger Jésus en lui amenant une femme adultère pour qu'il la condamne (*Jn* 8,1-11). Devant les attaques des scribes et des pharisiens, il va se mettre à la hauteur de celle qui est accusée. Il se relève ensuite pour faire face aux accusateurs de la femme et prendre sa défense : *« Que celui qui n'a jamais commis de faute… »* (Jn 8,7). Une fois que tous ont quitté discrètement la place, Jésus relève la femme à ses propres yeux : *« Personne ne t'a condamnée… »* (Jn 8,10). Et, finalement, il la relève aux yeux mêmes de Dieu : *« Moi non plus, je ne te condamne pas. Va, désormais, ne pèche plus »* (Jn 8,11).

Jésus fait confiance. Une fois qu'il a pardonné, Jésus est capable de faire confiance. Il laisse à ses disciples, qui l'ont pourtant tous abandonné, la responsabilité d'annoncer la Bonne Nouvelle. Il confie à Pierre, celui qui l'a renié, ce qu'il a de plus précieux, son troupeau. Il confie aussi un ministère à Paul, qui l'a pourtant persécuté publiquement. « Il n'y a pas de véritable pardon tant qu'il n'y a pas de manifestation d'une confiance sans arrière-pensée [5]. » Pardonner, c'est prendre le risque de voir différemment.

Les miséricordieux ont de l'initiative. Ce ne sont pas des démunis, car ils sont capables de briser ce fameux cercle infernal de l'incompréhension, de la violence, de la vengeance. Nous sommes des imitateurs-nés : tu me frappes, je te frappe ; tu me fais un coup, je me venge. Où est l'initiative dans cette manière d'agir ? Pardonner, c'est arrêter dans sa lancée ce mouvement perpétuel d'agression et de vengeance. Comme le rappelle saint Paul, *« sois vainqueur du mal par le bien »* (Rm 12,21).

La miséricorde est le visage de Dieu éclatant en la personne. « Pardonner, faire miséricorde, c'est une œuvre plus grande que

---

5. « La miséricorde », in *Fêtes et Saisons* 492 (février 1995), p. 13.

la création du monde» (Thomas d'Aquin). Le pardon est un acte «divin» puisqu'il dépasse habituellement nos forces humaines. Le pardon est d'autant plus difficile à donner que la blessure a été profonde. Et je suis blessé d'autant plus profondément que j'ai été atteint dans une valeur fondamentale. Si vous êtes sensible à la vérité, vous serez d'autant plus vulnérable au mensonge. Si vous êtes une personne pour qui la fidélité est essentielle, un manquement à une parole donnée deviendra grande blessure pour vous. Si vous êtes sensible à la justice, une injustice vous atteindra profondément. Et ainsi dans tout le domaine des valeurs qui soutiennent la vie. Les miséricordieux créent un monde neuf. Ils ouvrent la porte à plus de vie.

> La miséricorde est la vertu qui triomphe de la rancune, de la haine justifiée (par quoi elle va plus loin que la justice), de la rancœur, du désir de vengeance ou de punition[6].

Quelques précisions pour clore ce chapitre

Je lui pardonne, mais je ne l'oublie pas ! Le véritable pardon n'est pas la négation de la blessure. Cette blessure a eu lieu, est inscrite dans notre mémoire. Impossible de la nier.

> Le pardon n'est pas l'oubli. La miséricorde n'est pas l'effacement. Elle est beaucoup mieux ! Elle nous rappelle que, quoi que nous ayons fait, et si graves que soient nos fautes ou notre culpabilité, tout cela n'est pas une raison pour arrêter l'avenir, soit en l'excusant soit en le condamnant. La miséricorde entre les deux dit à chacun d'entre

---

6. André Comte-Sponville, *Petit Traité des grandes vertus,* p. 159.

vous : « Quoi que tu sois devenu, quoi que tu aies commis, quelle que soit la gravité qui pèse sur ta conscience, demain est possible... Une résurrection se lève et la résurrection n'efface pas la mort, elle la transfigure [7].

Le pardon n'est pas la perte de la mémoire. Pardonner est d'abord un acte de la volonté. Je choisis de pardonner, je décide de pardonner. La guérison de la mémoire peut exiger un certain temps, tout comme une blessure physique. Mais il ne faut pas passer son temps à la gratter. Une fois la blessure guérie, il peut bien y avoir une cicatrice, mais je puis alors affirmer : « Il y a maintenant une cicatrice. Auparavant, il y avait une blessure... » La blessure est passée. On ne voit plus l'événement de la même manière. Il s'agit là d'une grâce qu'il faut demander, entre autres, dans le sacrement du pardon : la guérison de la mémoire.

Je te pardonne, mais je ne veux plus te voir. Est-ce vraiment pardonner que d'agir ainsi ? C'est affirmer que je garde du ressentiment et de la rancune. Et si Jésus agissait ainsi envers moi quand je vais lui demander de m'accorder son pardon ? *Pardonne-nous comme nous pardonnons.* Si le Seigneur agit ainsi à notre égard, au ciel, on aura belle allure ! *« De la mesure dont vous vous serez servi pour les autres, on se servira de cette même mesure pour vous »* (Lc 6,38). Pour nous apprendre à ne pas nous payer de mots, saint Césaire d'Arles rappelle catégoriquement :

Je vous le demande, que voulez-vous, que cherchez-vous quand vous venez à l'église ? Quoi donc, sinon la miséricorde ? Donnez celle de la

---

7. Albert Rouet, *Le Christ des béatitudes*, Éd. Saint-Paul, Versailles, 1997, p.107-110.

terre, et vous recevrez celle du ciel. Le pauvre te demande, et tu demandes à Dieu : il demande une bouchée de pain, et toi, la vie éternelle. Donne au mendiant pour mériter que le Christ te donne ;
écoute-le qui dit : *« Donnez et il vous sera donné. »* Je ne sais de quel
front tu veux recevoir ce que tu ne veux pas donner[8].

Ce qui est dit à propos du pain vaut sûrement pour le pardon.

Je trouve ça dur de pardonner. Il n'a jamais été dit que
c'était facile de pardonner. Être aux prises avec la réalité du
pardon occasionne parfois des souffrances de différents ordres.

• Souffrance causée par la difficulté de pardonner.

Certaines personnes traduisent cette difficulté en changeant
la formulation du *Pater* : « Pardonne-nous... comme nous aime-
rions pardonner... », quand elles ne sautent pas carrément au
« Ne nous soumets pas à la tentation ». Peut-être faudrait-il
« récupérer » alors la demande du pardon : « Ne nous soumets
pas à la tentation de nous sauver du pardon... » Il vaut mieux,
je crois, dire la prière comme Jésus nous l'a enseignée et en
faire, dans la vérité du cœur, une grande exclamation de pauvreté profonde. S'il faut changer la formule, ce serait dans le
sens suivant : « Pardonne-leur, Dieu notre Père... et pardonne-
moi de ne pas pardonner. »

• Souffrance causée par le déchirement de la conversion.

Ça ne va pas sans douleur que de se retourner vers Dieu et
de s'habiller le cœur à la mode évangélique. Après avoir eu à

---

8. *Office du temps présent,* office des lectures, lundi de la 17ᵉ semaine du temps ordinaire.

endurer la souffrance occasionnée par le geste, les paroles de l'autre, il faut maintenant se retourner sur cette même douleur, le cœur et la mémoire à vif, pour changer son regard. Il faut se déplier pour grandir, pour s'ajuster à Dieu. *« Soyez bons les uns pour les autres, ayez du cœur; pardonnez-vous mutuellement comme Dieu vous a pardonné dans le Christ »* (*Ép* 4,32). Ça ne va pas de soi.

• Souffrance d'une nuque raidie par l'orgueil et l'entêtement.

Comment arriver à me départir de toute la mise en scène que j'ai si habilement élaborée? Comment redescendre du plateau où j'ai tenu le premier rôle avec talent et passion? Comment accepter que l'autre qui m'a blessé vienne jouer devant moi sa propre mise en scène?

• Souffrance causée par la mémoire rétive.

En effet, la mémoire semble ne pas vouloir lâcher prise. Parfois si peu encline à retenir certains faits pourtant importants, elle se montre d'une fidélité désarmante et n'en finit plus de raviver le scénario et les émotions rattachés à une blessure. On dirait parfois qu'elle a comme objectif de démontrer comment tirer profit et avantage de cette situation pénible.

• Souffrance causée par l'écoulement du temps.

L'épaisseur du temps qui passe semble rajouter d'une journée à l'autre une nouvelle couche d'imperméabilité au changement en plus de donner de l'importance à certaines peccadilles dont on en vient même à ignorer l'origine. D'où l'importance d'établir la vérité et de retrouver comment tout cela a bien pu débuter.

Si je ne pardonne pas, j'ai mes raisons cachées. Si je ne pardonne pas, c'est que j'en tire quelque bénéfice caché. Autrement, je pardonnerais. Ça me rapporte quelque chose de ne pas pardonner. Ces avantages se présentent souvent habilement masqués. Il y a fort à parier que la réaction à cette affirmation « c'est payant de ne pas pardonner » soit la suivante : « Ce n'est pas vrai ! Impossible ! C'est tellement douloureux à vivre ; je ne vois pas quels en sont les avantages, bien au contraire. »

Et pourtant, je maintiens mon affirmation : c'est payant de ne pas pardonner. J'en retire un premier avantage, avoué ou non : l'estime ou la consolation des gens autour de moi. Tant que je ne pardonne pas, que je baigne dans ma souffrance, j'en parle avec une émotion qui peut être communicative et m'assurer la sympathie de mes confidents. Il est ainsi plus facile d'attirer la sympathie.

En ne pardonnant pas, je maintiens une position de pouvoir et de domination sur l'autre (offenseur), surtout lorsque cette personne a fait des démarches de réconciliation. Je la maintiens dans sa position de demandeur et de dépendant. « J'ai demandé pardon et on ne me l'a pas accordé... » Il faut avoir vécu une telle situation pour comprendre comment un pareil refus cause une souffrance également pénible à porter qui nous révèle que le pardon relève de la liberté de l'autre. Ne pas pardonner peut être une formule déguisée de domination et d'abus de pouvoir.

En ne pardonnant pas, je me dispense de modifier mon regard, mon point de vue. Je puis continuer d'avancer sans changer ma mentalité, mon opinion sur l'autre. C'est la loi du moindre effort.

Ne pas pardonner, c'est éviter de «perdre la face» en donnant l'impression que l'autre aurait raison. De quoi aurais-je l'air si je dis que je pardonne après tout ce que j'ai subi?

À chaque personne de dresser l'inventaire des avantages retirés à demeurer dans une telle situation. Cependant, il en coûte plus cher que prévu pour se maintenir dans un pareil état.

Je ne pardonne pas, mais c'est à mes frais. Il y a des frais à débourser pour ne pas pardonner. La rancune, la vengeance, le refus de pardonner sont des hôtes qui font payer cher leur séjour dans ma vie. Sans vouloir tomber dans une analyse psychologique[9] qui n'est pas le propos de cette réflexion, il me semble important de relever certaines conséquences à vivre dans le cas d'un pardon obstinément refusé. Et ce, à plusieurs niveaux de notre être.

• Le physique lui-même s'en ressent.

Cette situation gangreneuse entraîne souvent le manque de sommeil. Elle provoque des troubles de digestion et peut même aboutir à des malaises cardiaques. Et le système nerveux connaît aussi ses fatigues et ses limites. À force de ruminer certaines blessures, on finit par en aggraver la plaie.

---

9. On peut consulter les ouvrages de Jean Monbourquette, o. m. i.

• Le jugement risque aussi d'être embrouillé.

À voir l'autre qui m'a blessé à travers la blessure que je porte et le ressentiment qui m'habite, je risque fort de ne plus être en mesure de porter un jugement juste et équitable non seulement sur ce qui m'est arrivé, mais aussi sur la personne elle-même qui m'a blessé. Un jugement teinté par la souffrance a de fortes chances d'être biaisé. On revient facilement à la loi de l'Ancien Testament : *« Œil pour œil, dent pour dent. »*

• La volonté elle-même s'en ressent.

Je ne vois plus l'heure de me décider de passer à l'action, pris que je suis dans cet enchevêtrement de souvenirs douloureux, de sursauts de vengeance, d'agressivité.

• L'estime de soi en prend aussi pour son rhume.

En effet, si la souffrance pousse dans une direction donnée, la générosité, qui se cherche un chemin au niveau du cœur, ne peut vivre à l'aise au milieu de tous ces fantômes grimaçants qui la côtoient. Pour avoir été si vilement traité, est-ce que je vaux vraiment quelque chose ? Mon estime personnelle risque de se rapetisser à la dimension de ma blessure. Je ne vaux pas grand-chose puisqu'on me traite ainsi. Comment refaire mon image ? Pareille souffrance peut même conduire au suicide.

• La vie spirituelle s'en trouve affectée.

Un tiraillement intérieur exerce sa pression. Comment concilier justice et miséricorde ? *« Parlez et agissez comme des gens qui vont être jugés par une loi de liberté. Car le jugement est sans misé- ricorde pour celui qui ne fait pas miséricorde, mais la miséricorde se moque du jugement »* (Jc 2,12-13). Il y a cet impératif du message évangélique qui habite mon cœur et qui me dit : « Laisse aller », et il y a cette souffrance qui aiguillonne mon agressivité, ma colère et qui me répète : « Tu ne peux laisser passer cela. » Écartèlement d'un cœur désireux de vivre l'Évangile et, en même temps, torturé par sa souffrance.

S'il a des traits intéressants et attirants au premier abord, cet hôte qu'est le refus du pardon finit par être très dispendieux à héberger.

Je pardonne, mais il y a des limites à pardonner. Pour bien faire comprendre qu'on ne peut se contenter de relations correctes avec Dieu sans mettre également de l'ordre dans les relations avec le prochain, Jésus, après avoir démontré la puissance de la prière d'un groupe harmonisé, réuni, en accord – *« si deux d'entre vous se mettent d'accord... Là où deux ou trois sont réunis en mon nom... »* (Mt 18,19-20) –, s'empresse de répondre à une question de Pierre au sujet du pardon.

Avec son tempérament tout d'une pièce, il est possible que les occasions d'accrochage n'aient pas manqué avec Pierre. Toujours est-il qu'il pose la question suivante : *« Seigneur, quand mon frère commettra une faute à mon égard, combien de fois lui pardonnerai-je ? Jusqu'à sept fois ? »* (Mt 18,21). Cette réflexion démontre que Pierre a bien saisi, à travers l'enseignement de Jésus, que le pardon occupait une place majeure dans l'ajustement à la manière de faire de Dieu. Aussi avance-t-il le chiffre sept comme étant réellement un sommet à atteindre, une certaine perfection, selon le symbolisme même de ce chiffre.

Cette scène, particulière à l'évangile de Matthieu, semble préciser l'enseignement qu'on retrouve dans l'évangile de Luc : *« Si ton frère vient à t'offenser, reprends-le ; et s'il se repent, pardonne-lui. Et si sept fois le jour il t'offense et que sept fois il revienne à toi en disant : ‹ Je me repens ›, tu lui pardonneras »* (*Lc* 17,3-4). Matthieu, qui s'adresse à son peuple, tient à ce que l'originalité et la nouveauté du message de Jésus soient bien saisies.

La réponse jaillit, claire, limpide, sans équivoque, sans espace pour un faux-fuyant : *« Je ne te dis pas jusqu'à sept fois, mais jusqu'à soixante-dix fois sept fois… »* (*Mt* 18,22). De quoi réveiller les consciences facilement assoupies ou « regardantes » devant le devoir du pardon : *« Pas jusqu'à sept fois, mais jusqu'à soixante-dix fois sept fois. »* C'est-à-dire sans fin !

Quel sens peut-on donner à ce *« soixante-dix fois sept fois »* ? J'avancerais deux interprétations.

Une première : en regardant ce que Luc affirme à ce propos, je dirais qu'il me faut pardonner autant de fois que l'autre peut me blesser. C'est répondre ainsi à l'argument entendu à quelques reprises : « Je lui ai pardonné, mais il a recommencé… Je pense que ses excuses et sa demande de pardon ne sont pas sérieuses… » Jésus est formel : « Si l'autre dit : ‹ Je me repens ›, pardonne ! Ce n'est pas à toi de vérifier la qualité de son cœur. Tu as déjà amplement à faire avec le tien. Comme le Père te pardonne sans rechigner, fais de même pour ton prochain. » Cette première interprétation met donc l'accent plutôt sur le nombre d'offenses.

Une deuxième interprétation me semble aussi très plausible. Il y a de ces blessures qui atteignent une telle profondeur de l'être qu'elles n'en finissent plus de guérir et de remonter à la mémoire et au cœur. Il ne faut pas s'en surprendre. Chaque fois que ressurgit le souvenir de cette blessure, je dois renouveler mon pardon. Même si ce souvenir revient et provoque à nouveau la souffrance, cela ne met pas en doute la véracité du cœur qui a déjà pardonné.

Si je pardonne, je pose un geste de vie. *« Vois, je te propose aujourd'hui vie et bonheur, mort et malheur... Choisis donc la vie, pour que toi et ta postérité vous viviez, aimant Yahvé ton Dieu, écoutant sa voix, t'attachant à lui ; car là est ta vie... »* (Dt 30,15.19-20).

Quand je prends le temps de m'arrêter et de réfléchir sérieusement sur le pardon, quel horizon s'ouvre devant moi ? Quels sont les bénéfices nets que je retire du fait de ne pas pardonner ?

Rancœur, ressentiment, désir de vengeance empoisonnent ma vie et finalement me tiennent prisonnier. Je ne suis plus libre. Ma vie se débat en dépit de ces liens qui réduisent l'élan de ma générosité, qui m'empêchent de vivre à plein, ligoté que je suis dans cet espace de souffrance, si justifiée soit-elle. J'en viens à réduire mes chances de bonheur, mes chances de vivre, tout simplement. Et je ne vois plus comment cette affirmation de Jésus peut me rejoindre : *« Je suis venu pour qu'ils aient la vie et qu'ils l'aient en abondance »* (Jn 10,10).

Finalement, en ne réglant pas ce problème, je me tue à petit feu, en m'asphyxiant, en privant mon cœur du souffle bienfaisant de la libération. Je tue le souffle, l'élan qui m'habitait. Alors qu'en pardonnant, je me redonne la permission de vivre, je me rends la vie, je remonte à la surface, vers la liberté, je me dégage de ce qui me retenait au fond de cette mare déprimante.

En décidant de pardonner, je me rends donc ma propre liberté, mais je rends aussi sa liberté à l'autre. Je le détache de moi, de la blessure qu'il m'a infligée et je lui redonne la vie en lui rendant sa liberté. Alors que la peine et l'inquiétude lui rendaient la vie difficile et l'avenir incertain, par ce pardon, je lui rends sa tranquillité et lui permets ainsi de parcourir la prochaine étape de sa vie dans la sérénité et la reconnaissance. J'ai ainsi vécu une dimension insoupçonnée de ma fécondité.

Je pose un geste apparenté à celui de Jésus lorsqu'il signifiait à ceux qu'il avait guéris et dégagés de leurs fautes : « *Va en paix* » (*Mc* 5,34 ; *Lc* 7,50 ; 8,48). La paix, au sens évangélique, est synonyme de « plein de vie ». Chaque fois que je réponds à la blessure par la rancœur (un cœur rance), la vengeance ou la dureté, j'empêche ainsi la vie de circuler, j'empêche la paix de se construire. Mes réactions sont-elles des réactions « évangéliques » ou des réactions ignorantes des bienfaits que j'ai reçus moi-même de Dieu ? Prendre le risque du pardon, c'est prendre le risque de la vie et fermer ainsi la porte à des germes de mort et de destruction.

« Je te propose aujourd'hui vie et bonheur, mort et malheur... Choisis donc la vie ! »

Réflexion – actualisation

1. Quand, dans ma vie, ai-je posé des gestes de miséricorde ?

2. De quelle manière ces gestes ont-ils été porteurs de vie ?

3. Je prends le temps de relever des événements, des initiatives qui ont fait que ma vie a tourné autrement et qu'il y a eu plein de bonheur dans mon cœur.

4. Je revois des situations bien précises où, lorsque je refuse de faire miséricorde, la vie devient ennuyeuse et lourde de souffrances inutiles.

5. Qu'est-ce qui m'empêche, dans certaines situations pénibles, de faire miséricorde pour régler des choses accablantes pour moi et pour l'autre ?

6. Je revois, dans une situation donnée, comment le pardon a été source de liberté pour moi et pour l'autre.

Chapitre 9

« Bienheureux les artisans de paix... »

SI JE RÉFLÉCHIS sur la notion du bonheur telle que la présentent les deux derniers chapitres qui traitent du bonheur en relation avec le prochain, je suis bien forcé d'admettre que ce n'est pas un bonheur répandu et médiatisé que celui de la douceur et de la miséricorde. Cependant, quand je scrute honnêtement le fond de mon cœur, n'est-il pas vrai que je suis content de moi quand j'ai réussi, par exemple, à maîtriser une montée de colère qui voulait prendre le dessus, quand j'ai réussi à retenir une parole qui aurait pu assommer l'autre, quand je n'ai pas réagi instinctivement à un coup que quelqu'un m'a fait ? C'est dire qu'il y a dans mon cœur des capacités de générosité qui me surprennent moi-même. Ces actes de maîtrise de soi, de générosité deviennent source de joie profonde, de cette joie dont parle Jésus dans les béatitudes.

Je termine le deuxième volet de cette réflexion sur les béatitudes qui traitent du bonheur en relation avec le prochain. Tant pour les doux que pour les miséricordieux, il est question de maîtrise de soi. Les doux n'agissent pas avec violence, les miséricordieux ne réagissent pas avec violence. Les doux n'attaquent pas, les miséricordieux ne ripostent pas, ne contre-attaquent pas. Les doux ne causent pas de mal, les miséricordieux le pardonnent. Est-il possible d'aller plus loin dans cette réflexion ? Oui ! La béatitude des artisans de paix conduit plus loin en favorisant la vie, la liberté entre les personnes.

« Heureux les artisans de paix, car ils seront appelés fils de Dieu. » Une première question : quel sens attribuer au mot *paix* ? Il s'agit, bien sûr, de l'absence de querelle ou de guerre et de la tranquillité de l'esprit, mais il me semble que, dans l'Évangile, un autre sens peut être attribué au mot *paix,* soit *plein de vie.* Il s'agit de remplacer, dans certains textes, le mot *paix* par l'expression *plein de vie* pour en saisir toute la richesse. Ainsi, dans la nuit de Noël : « *Gloire à Dieu dans les cieux et paix sur terre à ses bien-aimés* » (*Lc* 2,14). Gloire à Dieu dans les cieux et *plein de vie* à ses bien-aimés. Au moment où il remet les péchés : « *Ta foi t'a sauvée. Va en paix* » (*Lc* 7,50). Ta foi t'a sauvée ; va avec *plein de vie.* Au lendemain de la résurrection : « *La paix soit avec vous !* » (*Lc* 24,36). En ce sens, le souhait final de la célébration du pardon prend une tout autre dimension. Va en paix… Va *avec plein de vie* maintenant. Vis à plein ! Tu es libre maintenant.

C'est dans cette ligne qu'on peut situer les artisans de paix, les faiseurs de paix étant ceux qui donnent la vie aux autres, qui permettent aux autres de vivre à plein. Au lieu de l'expression « artisans de paix », un autre terme serait-il préférable : pacifiques, pacifistes, pacificateurs ?

Les pacifiques ont habituellement un bon tempérament, ne brouillent pas leur eau, ne se chicanent avec personne, sont discrets, aiment bien être tranquilles et laisser les autres tranquilles aussi. D'un naturel paisible, ces personnes s'emploient à vivre en bons termes avec tout le monde. Sans exagérer la comparaison, je dirais qu'elles ressemblent parfois à des fleurs sous une cloche de verre. Aucune poussière, aucun parfum non plus… Est-ce là le propos de Jésus ?

Les pacifistes vont manifester contre la guerre ou toute autre forme de violence et leur champ d'action couvre tout aussi bien ce qui a trait aux personnes, aux animaux qu'aux plantes... Ils sont perçus comme des antiviolents, antinucléaires, antimilitaristes style *peace and love,* etc. Ils posent des gestes qui invitent à la réflexion et qui peuvent être relativement radicaux, par exemple le cas de Greenpeace. Est-ce là la manière préconisée par Jésus ?

Les pacificateurs imposent la paix selon leur façon de voir, même si les gens ne demandent pas leur secours. Assez fréquemment, on entend parler de tel ou tel pays qui est allé imposer la paix dans tel autre pays. Une paix imposée à coups de canon et d'artillerie... Ce n'est point ici le lieu et le propos de scruter les motifs de semblables interventions. Il faut cependant rappeler que la Palestine, au temps de Jésus, est sous « pacification romaine » et les conséquences se manifestent de plus en plus clairement :

> Il y a une minorité de non-Juifs qui tiennent tout en mains sur le plan politique et économique ; il y a des Juifs, hommes d'affaires, fonctionnaires ou aristocrates, qui sont impliqués dans une « réelle collaboration » et en profitent ; il y a les Juifs, ceux qui habitent la campagne, mais aussi ceux qui, à cause des difficultés économiques, viennent de plus en plus nombreux dans les villes nouvelles : ce sont des « ruraux déracinés », un véritable prolétariat. Tous les risques de troubles, tous les ingrédients de conflits et de guerres sont là présents au temps de Jésus. La paix est plus que précaire. Si la révolte contre Rome éclate en 66, il y aura eu sans cesse, auparavant, de petites insurrections et des conflits innombrables entre Juifs et non-Juifs [1].

---

1. Jean-François Six, *Les Béatitudes aujourd'hui,* Seuil, Paris, 1984, p. 139-141.

S'il est facile de s'offusquer en voyant une nation imposer la paix à une autre nation, il ne faudrait pas perdre de vue que cette manière de faire n'est pas réservée uniquement aux nations. Certaines personnes sont également « pacificatrices » et imposent parfois une paix apparente en écrasant les autres, ne comprenant pas que leur façon de faire provoque d'autres problèmes.

Jésus, au moment où il proclame cette Béatitude, veut-il faire référence à cette situation conflictuelle entre nations, entre différentes factions ? Il ne semble pas. Des germes de révolution ou d'agressivité éclatent depuis que le monde est monde. Et un regard le moindrement attentif permet de déceler une violence latente qui s'exprime régulièrement dans la plupart des pays. Il faut être aveugle pour ne pas le remarquer. Il y a de la violence partout. Violence larvée, circonscrite. Violence dans les faits, les gestes. Parfois simple violence verbale, mais violence quand même. Les exemples ne manquent pas dans la vie familiale, sociale ou politique.

Quel était donc le propos de Jésus en affirmant : « *Bienheureux les artisans de paix, ils seront appelés fils de Dieu* » ?

Même si l'Évangile met sur les lèvres de Jésus un certain nombre d'enseignements, il n'est pas tellement l'homme des discours. Ce qui le caractérise plus particulièrement, c'est l'agir. Il nous a simplement invités à devenir des artisans de paix. **Et cette paix doit débuter quelque part: dans notre quotidien.**

Dans nos quartiers, dans notre entourage, des personnes sont quotidiennement agressées, malmenées. On trouble leur paix, pour ne pas dire qu'on la leur vole. Elles sont traitées comme si elles n'étaient rien. Comment tenir bon et conserver la paix et l'équilibre à travers toutes les tensions sociales, familiales et autres ?

Au milieu de cette agressivité extrême qui caractérise les rapports humains de son temps, Jésus va faire œuvre d'éducateur en invitant ses apôtres à vivre ensemble. Des hommes au tempérament assez carré... De vrais hommes et non des caricatures d'hommes et d'adultes. Dans la force de l'âge, dans la trentaine ou la quarantaine. Des pêcheurs pour un bon nombre, des gens de métier habitués à trimer. Et qui avaient du caractère, comme en fait foi le surnom de « Boanerguès, c'est-à-dire fils du tonnerre » donné par Jésus aux deux frères Jacques et Jean (*Mc* 3,17). En voici un exemple. Après l'épisode de l'homme riche, Jésus avait mentionné *« qu'il est plus facile à un chameau de passer par un trou d'aiguille qu'à un riche d'entrer dans le Royaume de Dieu »* (*Mt* 19,24). Alors, Pierre s'exclame : *« Eh bien ! nous, nous avons tout laissé et nous t'avons suivi. Qu'en sera-t-il donc pour nous ? »* (*Mt* 19,27). Jésus leur révèle : *« En vérité, je vous le déclare, lors du renouvellement de toutes choses, quand le Fils de l'homme siégera sur son trône de gloire, vous qui m'avez suivi, vous siégerez vous aussi sur douze trônes pour juger les douze tribus d'Israël »* (*Mt* 19,28). Cette information n'était pas tombée dans les oreilles de sourds !

Pendant qu'ils montent à Jérusalem, Jésus annonce aux Douze, pour une troisième fois, sa Passion et sa résurrection.

Chemin faisant, voici que Jacques et Jean s'approchent et lui demandent – Matthieu affirmera que c'est la mère des deux frères qui formule cette demande – : *« Maître, nous voudrions que tu fasses pour nous ce que nous allons te demander... Accorde-nous de siéger dans ta gloire l'un à ta droite et l'autre à ta gauche »* (Mc 10,35,37). Assis à la droite et à la gauche de celui qui préside pour participer ainsi à son autorité et à son pouvoir. Belle prétention que celle de ces deux fils du tonnerre ! La tentation s'avère facile de les juger, mais le texte précise : *« Les dix autres, qui avaient entendu, se mirent à s'indigner contre Jacques et Jean »* (Mc 10,41). C'est à croire qu'ils reluquaient les mêmes sièges... Et tout ça, au moment où Jésus leur annonce sa mort prochaine. La jalousie, l'ambition ne sont pas nées d'aujourd'hui.

« Heureux les artisans de paix », c'est-à-dire ceux qui fabriquent la paix, qui permettent à la vie de s'épanouir, aux autres de vivre pleinement. Pour éduquer ses apôtres à cette réalité,

Jésus a, au fond, commencé par mettre les apôtres au défi de vivre ensemble alors qu'ils étaient si différents les uns des autres, si conflictuels entre eux, si désireux de la première place. Jésus brise net la direction de leur agressivité, la fait se retourner sur elle-même : il propose de mettre leurs énergies agressives au travail, de les faire servir à cette aventure impossible qu'est l'amour de l'autre : **il ne dit pas : « Aimez-vous les uns les uns »**, il ne propose pas de fusionner en unicité, mais de consacrer des forces à établir une relation avec l'autre, le différent. Ce qui devient passionnant, car l'amour entre gens semblables n'est pas difficile. Mais l'amour entre des êtres ou des peuples différents, voilà le sel de la vie et de l'histoire[2].

---

2. Jean-François Six, *Les Béatitudes aujourd'hui*, Seuil, Paris, 1984, p. 141.

Il les a initiés à cette grande réalité en leur apprenant non pas à se regarder eux-mêmes, mais à regarder leur Père du ciel et à découvrir sa façon d'agir. «Regardez donc votre Père du ciel ; voyez donc comment votre Père du ciel agit, comment il se comporte. Agissez ainsi ! Laissez tomber vos esprits de jalousie et d'ambition et agissez comme votre Père du ciel.» «Puisqu'on est tellement aimé par l'Abba, pourquoi ne pas s'accepter soi-même et accepter dès lors autrui ? **Là est la base de la paix**[3].»

En quoi cette «prédication radicale de la grâce» par Jésus est-elle si importante ?

> L'agressivité introjectée se renverse en acceptation de soi sur la base de l'amour divin. Ce renversement présuppose surtout l'atmosphère angoissée, qui apparaît si clairement dans les paraboles. Tout se passe comme si la confiance fondamentale en la vie avait reçu alors une impulsion nouvelle et puissante. Si l'on réfléchit au lien entre angoisse et agressivité dans le mouvement de Jésus, on comprend pourquoi le dépassement de l'agressivité pouvait aboutir ici à une nouvelle conception des rapports sociaux[4].

Jésus n'a pas été un rêveur qui aurait nié la violence ; tout au contraire, mais il a voulu créer de l'harmonie entre des êtres différents et non une fusion. On ne crée pas une harmonie avec des entités semblables ! Par exemple, on parlera d'un «corps de clairons» et non pas d'une harmonie. La fusion n'est pas l'harmonie. Une communauté harmonieuse est un ensemble de

---

3. Jean-François Six, *Les Béatitudes aujourd'hui,* Seuil, Paris, 1984, p. 141-142.
4. G. Thessen, *Le Christianisme de Jésus,* Paris, Desclée, 1978, p. 139.

personnes où chacune est respectée dans son identité, dans son charisme personnel à l'intérieur d'un charisme communautaire. **Elle privilégie le respect dans la diversité.**

Pour avancer sur le chemin de cette béatitude, il faut aussi prendre conscience de la violence dans sa propre vie. On a contenu sa violence. On a « sublimé » son agressivité… jusqu'au jour où tout éclate et qu'on n'y comprend plus rien. Pour être artisan de paix, il faut surveiller ces mouvements profonds et sournois de violence qui peuvent facilement se déchaîner en grandes marées. Certaines personnes déclarent facilement : « Je ne suis pas violent ; j'ai plutôt bon caractère et je suis d'un naturel tellement doux… » Tout en racontant leur histoire, devant certaines oppositions qu'elles rencontrent dans leur travail ou d'autres domaines, elles affirment : « Ah ! si je ne me retenais pas, celui-là, je l'étamperais, oui monsieur, ça ne serait pas trop long qu'il servirait de timbre sur une enveloppe, tu peux me croire ! » La violence est présente, elle n'attend que l'occasion de s'exprimer. Des bourrasques latentes d'agressivité. « Si je ne me retenais pas, je lui tordrais le cou… » Caïn n'est pas mort…

Prendre conscience des montées de violence et d'agressivité dans mon propre cœur et prendre conscience également de la violence que je puis provoquer chez d'autres personnes. De fait, personne au monde ne renonce à ce qu'il croit être ses privilèges sans opposer de résistance. Chaque fois que quelqu'un réagit avec violence, il y a de fortes chances qu'on se trouve en face d'un droit ou d'un privilège auquel il tient fermement et qu'il ne veut pas lâcher. C'est peut-être en ce sens qu'il faut comprendre la violence verbale qui accompagne tant de revendications. L'intelligence d'un discours, d'une exigence ou d'une réponse y gagne-t-elle à mesure qu'on crie plus fort ? J'ai connu quelqu'un qui, dans une discussion, ne changeait pas souvent d'idée, mais répétait toujours la même phrase en haussant le ton, comme si la valeur de l'argument évoqué y gagnait... Je suis impressionné par le climat de violence qui accompagne certains discours rapportés dans les bulletins de nouvelles, à l'occasion de conflits de travail, par exemple, ou dans certains échanges entre membres du gouvernement et de l'opposition au cours de la «période des questions». Stratégie ? Mise en scène ? Conviction ? Enthousiasme ? Un vieux proverbe affirme que les charrettes vides sont celles qui font le plus de bruit...

Pour devenir artisans de paix, il importe donc de prendre conscience de toute cette violence même larvée qui nous entoure. Non seulement en prendre conscience, mais aussi découvrir de quelle manière on en est venu à briser cette paix, à empêcher la vie de circuler. Cette situation pénible a une origine qu'il faut déterminer. Il importe ensuite de poser des gestes concrets, à sa portée, pour changer la situation et permettre à chaque personne de vivre, d'avoir assez d'oxygène pour respirer. Favoriser la paix ou rétablir la paix, ce n'est certes pas tuer l'autre ou le faire mourir à petit feu pour régler le problème...

Agir en artisan de paix, c'est adopter le comportement de Jésus. Qu'a-t-il fait comme artisan de paix ? Comment a-t-il agi pour favoriser l'harmonie ? Il a travaillé. Il a expliqué, a repris, a patienté. Bien sûr, il a dû affronter le mal. Il a touché et

dénoncé la racine du mal, les motivations profondes des conflits. Il n'est pas un prêcheur idéaliste qui se contente d'en parler. Si l'on veut vraiment être disciple de Jésus-artisan de paix,
« on ne peut se contenter de prêcher d'en haut la paix, il faut
mettre la main à la pâte et montrer que la paix requiert un
effort concret, des luttes précises, adaptées. Qui veut la fin veut
les moyens. Qui dit la fin doit dire aussi les moyens [5]. »

Être artisan de paix n'est pas une activité de loisirs. C'est un
engagement à plein temps. La paix est un acte. Pas un sermon.
Une suite d'actes. Il ne faut pas uniquement la proclamer, mais
la créer, l'établir, la construire. Une belle traduction de l'expression évangélique de cette béatitude est la suivante : *« Heureux les bâtisseurs de paix ! »* Une expression d'une richesse égale à
celle des « artisans de paix ». Un artisan confectionne de ses
mains, met la main à la pâte, s'engage dans son œuvre, y met du
sien. La comparaison entre une salle de montre de « meubles en
chaîne » et l'exposition d'œuvres d'artisans m'aide à saisir l'originalité de cette mission. En effet, les meubles d'artisans por-
tent la signature de leur auteur. On peut y reconnaître le style
de chacun. Chacune des œuvres est marquée par la personnalité
de l'auteur. Elle est à son « image et sa ressemblance ». « La
signification est celle d'une activité, d'un dynamisme. Ceux
dont le bonheur est proclamé ne semblent pas être, avant tout,
des gens ‹ calmes ›, ‹ tranquilles ›, ‹ paisibles ›, mais des gens
actifs, promoteurs de paix et de réconciliation [6]. »

---

5. Jean-François Six, *Les Béatitudes aujourd'hui,* Seuil, Paris, 1984, p. 144.
6. René Coste, *Le Grand Secret des béatitudes,* SOS, Paris, 1985, p. 235.

Les artisans de paix sont des bâtisseurs et des faiseurs de paix. « Bâtir », « faire », des verbes actifs. Ainsi, la construction d'une maison nécessite une série d'activités précises. L'auteur est à l'œuvre et procède étape par étape. On peut bien rêver de voir la bâtisse terminée, mais il faut commencer par le commencement et dans l'ordre. Comment construire la paix ? en rejetant la haine, en faisant cesser la guerre, en faisant disparaître la jalousie, en arrêtant le combat, en détruisant l'hypocrisie, en éteignant en moi la rancune qui consume lentement mon cœur et en privilégiant toutes les qualités aptes à la faire régner, en supprimant successivement les défauts qui s'y opposent.

Me préoccuper de la paix d'abord dans mon propre cœur, dans ma propre maison. La « promotion de la paix », c'est une forme de la pratique de la charité dans un monde marqué par l'égoïsme, l'appât du gain, la rivalité, la jalousie, le mensonge, la rancune, l'obsession du pouvoir, etc. À cette béatitude se rattache ainsi la grande prière de François d'Assise :

C'est mettre l'Amour là où il y a la haine ; c'est mettre le Pardon là où il y a l'offense ; c'est mettre l'Union là où il y a la discorde ; c'est mettre la Vérité là où il y a l'erreur ; c'est mettre la Foi là où il y a le doute ; c'est mettre l'Espérance là où il y a le désespoir ; c'est mettre la Lumière là où il y a les ténèbres ; c'est mettre la Joie là où il y a la tristesse ; c'est consoler au lieu de chercher à être consolé ; c'est s'efforcer de comprendre au lieu de chercher à être compris ; c'est aimer au lieu de chercher à être aimé ; c'est se donner ; c'est aussi pardonner.

Le 1ᵉʳ janvier 1984, dans son message pour la journée mondiale de la paix, Jean-Paul II affirmait :

Oui, la guerre naît bien *dans le cœur pécheur de l'homme,* depuis la jalousie et la violence qui ont envahi le cœur de Caïn à l'encontre de son frère Abel selon l'antique récit biblique. Ne s'agit-il pas en réalité d'une *rupture plus profonde encore,* quand les hommes deviennent incapables de s'accorder sur le discernement du bien et du mal, sur les valeurs de vie dont Dieu est la source et le garant? Cela n'explique-t-il pas la dérive du cœur de l'homme, qui n'arrive pas à faire la paix avec ses semblables sur la base de la vérité, avec la rectitude de l'esprit et la bienveillance du cœur? Le rétablissement de la paix serait lui-même de courte durée et bien illusoire, s'il n'y avait pas un vrai changement de cœur. L'histoire nous a appris que même les « libérations » après lesquelles on avait soupiré au temps où un pays était occupé ou bien les libertés brimées ont déçu dans la mesure où les responsables et les citoyens ont gardé leur étroitesse d'esprit, leurs intolérances, leur dureté sans surmonter leurs antagonismes[7].

Il importe de découvrir la cause des relations tendues et belliqueuses. Être conscient de l'origine de ce malaise qui ne peut que grandir à mesure que le temps passe si on n'en vient pas à une solution consciente. Ne nous leurrons pas non plus.

Nous ne prétendrons pas nous aimer, mais nous nous obligerons les uns envers les autres. Car, pour risquer de faire un jour la paix, il nous faut d'abord voir comment nous en sommes venus à nous faire la guerre. C'est aussi simple que cela. La guerre sainte, c'est avant tout une guerre consciente.

Et pourquoi, généralement, sommes-nous en conflit? La seule raison profonde, c'est l'amour-propre. C'est notre susceptibilité qui nous donne l'impression que nous avons quelque chose à défendre. Il va nous falloir, par conséquent, passer de l'amour-propre à l'amour de

---

7. Jean-Paul II, *Message pour la journée mondiale de la paix,* 1ᵉʳ janvier 1984, n° 2, # 13.

l'autre, pour faire naître la vraie paix, celle du conflit résolu. Sinon, faute de conscience dans la relation de guerre, la paix à laquelle on aboutit est toujours une paix factice : une guerre au repos [8].

Pour favoriser la vie, pour développer l'harmonie, il importe de détruire aussi l'hypocrisie, en étant vrai, en étant droit. Comment en arrive-t-on à ne plus pouvoir se fier à l'autre ? Quand on n'obtient jamais la vérité de sa part, quand celui-ci ne livre jamais le fond de sa pensée. C'est incroyable, alors, comme on a de la difficulté à s'entendre. De plus, comme on ne sait trop ce que l'autre pense vraiment, les questions abondent, de plus en plus agaçantes.

Comment « vivre à plein » dans un contexte de jalousie, d'envie et d'hypocrisie ? Quand je respecte l'autre dans sa liberté et dans sa vérité, et que l'autre en fait autant à mon endroit, il y a de bonnes chances que l'harmonie s'installe et perdure.

Si on laisse couver la haine dans son cœur, comment peut-on alors être véritablement artisan de paix ? Comment donner alors « plein de vie » ? Si on entretient constamment de la jalousie, on ne découvrira jamais ce qu'on a de bon et on sera toujours en train de reluquer ce qui semble meilleur dans le jardin du voisin. Pour vaincre la jalousie – qui est une forme d'insécurité –, il faut découvrir et cerner ses propres possibilités en assumant positivement ses talents et ses richesses...

---

8. Yvon Amar, *Les Béatitudes,* Éd. du Relié, Avignon, 1996, p. 138.

L'artisan de paix, avant d'envisager la concorde internationale, commence par la faire régner dans le domaine qui est le sien. Que penser, en effet, d'un soi-disant pacifique qui serait brouillé avec ses proches ou avec son milieu de vie ? Qu'il balaie d'abord devant sa porte avant de vouloir donner la leçon au monde[9].

Pour être artisan de paix, il faut également faire preuve de grand doigté. Ça suppose de l'intelligence et beaucoup de cœur si l'on veut vivre cette béatitude. Et les résultats ne seront peut-être pas ceux que vous souhaitiez : ils n'iront pas aussi vite que vous le souhaiteriez, aussi loin que vous l'espéreriez… Certaines personnes ont le don de nous dire ce qui ne va pas chez nous. Elles font preuve, en ce sens, d'un talent extraordinaire et d'un dévouement sans borne ! Le résultat : nous en sommes ébranlés. Ce n'est pas ça, un artisan de paix. On peut, certes, faire remarquer à quelqu'un ce qui ne va pas, mais il y a un temps pour le dire, une façon de le dire, un climat pour le dire. Et ça prend beaucoup de patience. Pour construire la paix, il faut s'armer de patience. Il faut aimer beaucoup. À certains moments, il faut savoir se taire ! « Il ne s'agit pas de brusquer les choses et de tout compromettre par des hâtes et des insistances intempestives[10]. » Certains ont reçu la parole en surabondance, mais c'est à se demander si le Seigneur n'aurait pas oublié de leur poser un cran d'arrêt !

Faudra-t-il le répéter encore ? Pour réaliser cette œuvre, il faut tout d'abord être en paix avec soi-même, comme l'explique François Varillon :

---

9. Jean Ladame, *Les Béatitudes,* CLD, Chambray, 1984, p. 136.
10. *Ibid.,* p. 137.

Il faut être en paix en soi-même pour travailler à la paix entre les hommes. Être en paix en soi-même, c'est être intérieurement unifié. Ce qui ne contredit pas l'insatisfaction foncière de tout ce qui n'est qu'humain. La satisfaction de soi serait un faux principe d'unité.

Être en paix en soi-même, c'est se situer au-delà de toutes les oppositions secondaires de la surface, c'est déjà concilier jusqu'à un certain point ce qui apparaît inconciliable aux esprits superficiels et qui engendre, disons en termes modernes, les progressistes et les traditionalistes, les nationalistes et les internationalistes, les extrêmes de gauche et les extrêmes de droite, les mystiques et les polémistes, en bref, tout ce qui est « sectaire » parce qu'unilatéral, tout ce qui durcit les dualités en dualismes. Au temps de Jésus, les criailleries des sectes religieuses étaient bien connues. Pour être « appelés fils de Dieu », c'est-à-dire pour être déclarés fils par le Père lui-même, il faut travailler à ce que les hommes soient frères. Si le fils n'est pas vraiment fils, les hommes ne seront pas pour lui des frères. Cela n'est possible que si étant vous-mêmes en paix, étant intérieurement unifiés, vous travaillez à la paix universelle [11].

Parfois, la paix est brisée par un mot de trop. En amitié, ça commence par des silences, des temps où l'on ne dit rien, et ça finit parfois par un mot de trop. Ça ne prend pas grand-chose… et tout est cassé. On peut travailler à construire la paix entre les personnes et vouloir aller trop vite. On brise tout. La patience… Il vaut parfois mieux attendre une journée, une semaine, un mois, un an, que de regretter, pendant des années, les paroles échappées.

---

11. François Varillon, *Joie de croire. Joie de vivre,* Le Centurion, Paris, 1981, p. 62-63.

« Je vous laisse la paix, je vous donne ma paix. Je ne donne pas comme le monde donne » (Jn 14,27). Nous avons ainsi à devenir des « entrepreneurs de la paix, riches d'initiatives et de risques, des travailleurs de la paix et non de simples gardiens de la paix, soucieux d'éviter ‹ les histoires ›. Nous avons à être des croyants de la paix, en posant des actes de foi qui soient des actes de paix [12]. » Des entrepreneurs de la paix ! On ne peut tout faire quand on est entrepreneur, mais on essaie de recueillir tous les éléments qui vont favoriser la construction. Un entrepreneur, c'est quelqu'un qui met en harmonie différents intervenants. Il ne fait pas tout, mais il va réunir plusieurs intervenants de métiers différents, il va favoriser l'harmonie entre tous ces corps de métier, tout cela pour que son projet aboutisse à quelque chose de bon, de bien, de solide. Nous sommes des entrepreneurs de paix, qui produisent la paix.

Pour y parvenir, il faut aussi accepter de voir les personnes d'une façon différente de mon petit point de vue très limité. Il faut aussi apprendre à faire confiance à l'autre, ce qui n'est pas toujours facile, surtout lorsque cette confiance a déjà été trahie. Une des raisons qui fait qu'on persiste dans des situations qui ne se règlent pas, c'est qu'on est figé dans son amour-propre, dans son orgueil. Et l'orgueil, c'est comme le ciment, une fois qu'il est « pris », ce n'est pas facile à casser. Ce qui est tragique, c'est que plus on fige dans son orgueil, plus on devient fragile. Au moindre coup dur, on risque de se casser.

---

12. Pierre Talec, *L'Annonce du bonheur. Vie et béatitudes,* Le Centurion, Paris, 1988, p. 134-135.

Autrefois, on étendait le linge à l'extérieur, en hiver. Il fallait faire bien attention quand on enlevait le linge de la corde ou du cintre pour le rentrer à l'intérieur. «Attention de ne pas casser le linge en l'enlevant de la corde», prévenait régulièrement ma mère. Quand on est figé dans l'orgueil ou qu'on est bien ancré dans son amour-propre, on se pense bien fort, bien solide, mais on est très fragile parce qu'on est gelé et facilement cassable. Il faut accepter, un jour, de sortir de cet amour-propre pour passer à l'amour du prochain, à l'amour de l'autre, pour pouvoir bâtir la paix.

Cette béatitude fait suite à celle des miséricordieux. Non seulement, on ne contre-attaque pas, mais on va s'efforcer d'aller plus loin, de construire des ponts entre les personnes.

En voilà assez pour illustrer l'importance que Matthieu attache au précepte de l'amour du prochain. Il ne paraît pas nécessaire d'insister sur le fait qu'il n'entend pas cet amour dans un sens affectif ; il s'agit évidemment d'une attitude active, cherchant efficacement le bien d'autrui… Dans le contexte des béatitudes, l'appel à l'action pour la paix trouve sa place naturelle dans le prolongement de la béatitude des miséricordieux. Il représente une forme concrète de cette miséricorde. Les gens qui sont divisés par une querelle sont des malheureux ; il faut leur tendre la main, les aider à se réconcilier, rétablir entre eux la concorde. Étant donné le prix que la tradition juive attache à cette bonne œuvre, on ne saurait s'étonner de la rencontrer, une fois au moins, chez un évangéliste si préoccupé des devoirs de la charité chrétienne [13].

---

13. Jacques Dupont, *Les Béatitudes*, tome 3, Gabalda, 1973, p. 654.

Les artisans de paix travaillent à la réalisation de la paix, mais surtout ils font preuve d'amour, de bienveillance à l'égard de ceux qui sont autour d'eux, de leurs ennemis, de leurs persécuteurs. En reprenant cette béatitude, la situant par rapport aux deux précédentes, pour bien saisir tout le mouvement qu'il y a dans ce volet : « Les doux n'agressent pas les autres ; agressés, les miséricordieux évitent de riposter sur le même ton ; les ‹ faiseurs de paix ›, eux, vont jusqu'à s'engager activement dans la ligne du dépassement et de l'amour des ennemis [14]. »

Un artisan de paix agit, pose des gestes. Il ne se contente pas d'attendre, comme la personne qui affirme : « Moi, je ne bouge pas, je ne fais rien. C'est à l'autre de faire les premiers pas. » Et si l'autre réagit de la même manière ? Ils ont le temps de sécher chacun de son côté. Est-ce bien le style des faiseurs des paix dont parle la béatitude ?

Pour favoriser la paix, un autre point mérite une attention très particulière : c'est la manière dont on parle des autres. Certains commentaires – la médisance, les calomnies, le colportage – peuvent facilement briser la paix. En ce sens, saint Jacques n'hésite pas à affirmer : « *Si quelqu'un ne trébuche pas lorsqu'il parle, il est un homme parfait, capable de tenir en bride son corps entier* » (Jc 3,2). Il nous met aussi en garde : « *Avec elle [la langue], nous bénissons le Seigneur et Père, et, par elle, nous maudissons les hommes faits à l'image de Dieu* » (Jc 3,9). Si la première remarque ne nous plaît guère par sa rudesse, la deuxième n'en est

---

14. Michel Gourgues, *Foi, bonheur et sens de la vie. Relire aujourd'hui les béatitudes*, Médiaspaul, Montréal/Paris, 1995, p. 68.

pas moins éloquente : « *Si nous mettons un mors dans la bouche des chevaux pour qu'ils nous obéissent, nous menons aussi leur corps entier. Voyez aussi les bateaux : si grands soient-ils et si rudes les vents qui les poussent, on les mène avec un tout petit gouvernail là où veut aller celui qui tient la barre. De même la langue...* » (Jc 3,3-5). Quand on maîtrise sa langue, on maîtrise bien des domaines et on s'épargne bien des problèmes !

Aussi, l'affirmation suivante de saint Jacques ne manque-t-elle pas de nous saisir : « *Si quelqu'un se croit religieux sans tenir sa langue en bride, mais en se trompant lui-même, vaine est sa religion* » (Jc 1,26). Si quelqu'un se croit en lien avec Dieu et qu'il ne maîtrise pas sa langue, il se trompe lui-même et vaine est sa religion. Faudrait être bien rusé pour passer à côté de cette affirmation sans s'écorcher la conscience ! Et l'apôtre ne ménage pas ses mots pour qualifier un comportement basé sur la jalousie et le mensonge : « *Mais si vous avez le cœur plein d'aigre jalousie et d'esprit de rivalité, ne faites pas les avantageux et ne nuisez pas à la vérité par vos mensonges. Cette sagesse-là ne vient pas d'en haut ; elle est terrestre, animale, démoniaque. En effet, la jalousie et l'esprit de rivalité s'accompagnent de remous et de force affaires fâcheuses. Mais la sagesse d'en haut est d'abord pure, puis pacifique, douce, conciliante, pleine de pitié et de bons fruits, sans façon et sans fard. Le fruit de la justice est semé dans la paix pour ceux qui font œuvre de paix* » (Jc 3,14-18). La valeur profonde de l'artisan de paix et de son œuvre est assez bien indiquée dans ce dernier texte.

Quel est donc cet intérêt à tant médire des autres, à les calomnier ? On cherche souvent ainsi à se valoriser au détriment des autres… Et pourtant, on ne s'élève jamais bien haut sur des ruines. On a cependant réussi à allumer un feu qu'on ne saura trop comment éteindre et dont on mesurera difficilement la portée. Attention à ce qu'on dit des autres. Dans le Sermon sur la montagne (*Mt* 5,21-26), il est question de meurtre et de réconciliation. Quand les nouvelles rapportent un meurtre qui vient d'être commis, plusieurs personnes s'indignent avec raison et se glorifient en elles-mêmes : « Moi, je n'ai jamais tué quelqu'un. » Peut-être n'a-t-on jamais tué quelqu'un physiquement, mais combien de personnes a-t-on fait mourir doucement en colportant des faussetés ou en rapportant inutilement leurs erreurs. En sapant leur réputation, en leur faisant perdre leur réputation de telle manière qu'elles ont perdu la confiance des gens qui les entouraient.

Une parole prononcée ne m'appartient plus. Je ne sais ni quelle direction elle prendra ni l'ampleur qu'en aura l'effet. Impossible de la rattraper. Un jour, saint Philippe Néri reçoit en confession quelqu'un qui s'accuse d'avoir mal parlé de son prochain. « Avant de vous donner l'absolution, j'aurais quelque chose à vous demander ? Qu'allez-vous manger pour dîner ? » Et la personne de répondre : « Je vais faire cuire une poule. » « Très bien, d'ajouter saint Philippe. Après avoir tué votre poule, vous allez la plumer en traversant le village. Ensuite, revenez me voir pour l'absolution. » Ayant fait ce que le confesseur lui avait demandé, la personne revient le voir. « Est-ce que vous avez fait ce que je vous ai demandé ? » « Oh oui ! Les gens riaient et s'amusaient ferme de me voir ainsi traverser en plumant ma poule comme ça… Il ne reste plus une seule petite plume. La poule est complètement dégarnie. » « Eh bien, main-tenant, ajoute saint Philippe, vous allez retraverser le village pour ramasser toutes les plumes. » « Mais c'est impossible ! » « Voilà bien ce qui arrive quand on parle des autres... » Si on surveillait les paroles qu'on dit sur les autres, la paix en serait souvent favorisée.

Cette sagesse avait aussi ses défenseurs bien avant Jésus-Christ. Quelqu'un, un jour, vint trouver Socrate :

— J'ai appris quelque chose sur quelqu'un. Il faut que je te le dise.

— Avant de m'en faire part, peux-tu m'assurer que ce que tu vas me dire est vrai ?

— Je ne sais pas si c'est vrai, mais il faut que je t'en parle.

— Tu ne sais pas si c'est vrai, mais tu tiens à me le dire ?

— Oui, il faut que je te le dise.

— Un moment ! tu ne sais pas si c'est vrai, mais j'aimerais savoir : ce que tu veux me dire, est-ce beau, est-ce bon ?

— Aussi bien te le dire, ce n'est pas beau du tout.

— Tu ne sais pas si c'est vrai. De plus, ce n'est ni beau ni bon. Que tu me le dises, cela peut-il rendre service à quelqu'un, à toi, à moi, à l'autre ?

— Je ne crois pas.

Et Socrate de conclure : « Tu vois, ça ne sera pas utile, ce n'est pas beau et, de plus, tu ne sais même pas si c'est vrai... Dans ce cas, garde-le donc pour toi ! » Trois passoires pour filtrer nos commentaires sur le prochain : est-ce vrai ? est-ce beau ou bon ? est-ce utile ?

Si je rapportais seulement ce qui est vrai, bien des discours tourneraient court. Si je rapportais seulement ce qui est beau ou bon, mes dentiers se reposeraient. Si je rapportais seulement ce qui est utile, il me resterait beaucoup de temps pour rendre service. Que de misères et de chicanes seraient évitées si on se servait de cette petite technique de filtration !

Il faudrait au moins avoir l'honnêteté de cet aîné qui, dans une résidence, après avoir écouté le discours de la responsable, s'était approché d'elle pour lui demander : « C'est bien ça que vous avez dit ? C'est bien telle chose que vous avez annoncée ? » La responsable lui répond : « En effet, c'est bien ce que j'ai dit… Mais pourquoi voulez-vous savoir ça ? » Et l'aîné lui fit la réponse suivante : « Moi, Madame, c'est pour rapporter. » Si tout était « rapporté » avec autant de soin et d'attention… l'entente et la paix s'en porteraient beaucoup mieux.

Parfois, il faut parler, autrement « la marmite sauterait ». Si on ne peut pas, dans l'immédiat, parler avec la personne concernée, il faut obtenir l'aide d'une personne qui va nous aider à découvrir comment vivre cette situation dans la charité, la compréhension. Voir clair pour arriver à une solution évangélique. Il s'agit de choisir les personnes compétentes. Ce n'est pas nécessairement dénigrer l'autre que d'expliquer à une tierce personne le conflit qui nous oppose. J'essaie de voir clair, de comprendre pour en arriver à une solution évangélique. J'ai recours à une personne qui peut me conseiller parce que je suis engagé d'une manière trop émotive dans telle situation donnée pour en arriver à un jugement objectif.

Parfois, il faut se taire, parfois, il faut parler. La correction fraternelle a encore sa place. Il faut, en y mettant le ton et le doigté, rappeler à des personnes que ce qu'elles font n'est pas correct, qu'il n'est pas bien de parler ainsi des autres. C'est leur rendre service et rendre service aux personnes en cause. Nous ne sommes pas tous, cependant, mandatés pour la correction fraternelle. Il y a de ces pourfendeurs de vertus qui se sentent obligés de corriger tout le monde, mais qui oublient de sarcler leur jardin. Il y a un temps, une manière pour le faire qui respecte l'autre personne. « Toute vérité n'est pas bonne à dire. » Est-ce si vrai que cela ? Je crois plutôt que toute vérité est bonne à dire, encore faut-il choisir à qui la dire. Je dois d'abord me la dire à moi : « L'autre me fatigue, l'autre m'énerve. » Je dois le reconnaître si je veux trouver une solution. Est-ce que je le dis à l'autre ? Ce n'est peut-être pas le moment. Il n'est peut-être pas prêt à l'accepter. Si je vais trop vite, je risque de casser les pots.

Il faut faire quelque chose cependant. Autrement, je ne rends pas service à l'autre, je ne rends pas service à la communauté. Le bien commun existe, il ne faut pas l'oublier. Et le bien commun n'est pas l'addition des biens particuliers. C'est un bien d'ensemble qui ne correspond pas nécessairement au bien immédiat ou particulier de chacun. Il faudra que je m'y ajuste. *« Ne faites rien par rivalité, rien par gloriole, mais, avec humilité, considérez les autres comme supérieurs à vous. Que chacun ne regarde pas à soi seulement, mais aussi aux autres »* (Ph 2,3-4). Comme dans un voyage, si chacun veut faire ce qui lui plaît, il y a risque de mécontentement et de déception. Je ne peux pas être sur le quai en même temps que sur le bateau. Attention à ceci : quand quelque chose m'énerve, ce n'est pas nécessairement la faute de l'autre. Il faut savoir que notre seuil de tolérance est très flexible. Ainsi, quelqu'un peut me dire quelque chose et ça va passer et une autre personne me dire la même chose et ça ne passera pas...

Parfois, on ne parle pas parce qu'on a peur de la réaction de l'autre et on continue d'endurer. Si on parle, il y aura certes une réaction. On risque d'avoir un feu d'artifice, mais quand le calme sera revenu, on verra...

Cette entente avec le prochain est exigeante et éprouvante, mais on ne peut passer à côté d'elle sans fausser l'Évangile. Saint Paul l'exprime à sa façon :

— *« Si quelqu'un ne prend pas soin des siens, surtout de ceux qui vivent dans sa maison, il a renié la foi, il est pire qu'un incroyant »* (*1 Tm* 5,8).

— *« En vue du jour de votre délivrance, vous avez reçu en vous la marque du Saint-Esprit de Dieu : ne le contristez pas. Faites disparaître de votre vie tout ce qui est amertume, emportement, colère, éclats de voix ou insultes, ainsi que toute espèce de méchanceté. Soyez entre vous pleins de générosité et de tendresse. Pardonnez-vous les uns aux autres, comme Dieu vous a pardonné dans le Christ. Oui, cherchez à imiter*

Dieu, puisque vous êtes ses enfants bien-aimés. Vivez dans l'amour comme le Christ : il nous a aimés et s'est livré pour nous en offrant à Dieu le sacrifice qui pouvait lui plaire » (Ép 4,30 – 5,2).

— *« Que votre amour soit sans hypocrisie. Fuyez le mal avec horreur, attachez-vous au bien. Soyez unis les uns aux autres par l'affection fraternelle, rivalisez de respect les uns pour les autres. Ne brisez pas l'élan de votre générosité, mais laissez jaillir l'Esprit : soyez les serviteurs du Seigneur »* (Rm 12,9-11).

Pour mettre un point final au deuxième volet de notre réflexion, il me semble important de rappeler que ces dernières béatitudes *(les doux... les miséricordieux... les artisans de paix...)* ravivent cette prise de conscience de la réalité suivante : nous sommes nés de la communion pour faire naître la communauté. Toutes ces béatitudes favorisent une communion qui devrait conduire à la communauté, engendrer la communauté. Béatitudes importantes, exigeantes et qui demandent des efforts constants, mais qui sont également sources de bonheur. En effet, lorsqu'on a réussi à vaincre une difficulté à ce niveau, à surmonter certaines pierres d'achoppement pour rétablir la communication de la vie entre les personnes, le bonheur envahit notre cœur. Si la vie circule davantage, le bonheur ne peut faire autrement que d'en jaillir.

Pour creuser davantage ce thème global du bonheur en relation avec le prochain et certains comportements à l'endroit du prochain, je suggère de reprendre l'hymne à la charité de l'épître aux Corinthiens *(1 Co 13,1-13)*, qui est l'éloge de l'amour fraternel. La charité englobe la douceur, la miséricorde et l'attention à la vie. Ci-après se trouve l'adaptation rédigée par Pierre Talec :

> *Quand bien même je serais charismatique, priant avec des gestes et parlant en langues, si chez moi et au travail je suis intraitable, ne passant rien à personne, je suis comme une gamelle qui tombe par terre.*
>
> *J'aurais beau être le meilleur théologien, le meilleur prédicateur, le meilleur militant ; j'aurais beau afficher une foi à transporter les montagnes, si je n'ai aucune indulgence pour personne, je ne suis rien.*
>
> *Quand bien même je participerais à toutes les campagnes contre la faim, et plus encore en faisant des grèves de la faim, si je n'ai pas un brin d'attention pour ceux qui ont soif d'une parole de réconfort, un sourire de sympathie, ça ne sert à rien.*
>
> *La charité sait attendre les beaux jours.*
>
> *Elle ne remet jamais au lendemain un service qu'elle peut rendre le jour même.*
>
> *Elle se réjouit toujours de la réussite des autres, même de celle de ses concurrents.*
>
> *Elle n'est pas vantarde, elle ne fait pas le malin. Elle refuse les coups bas.*
>
> *Elle ne cherche pas d'autre récompense que celle de savoir qu'elle a pu faire plaisir.*
>
> *Elle s'empresse toujours de comprendre pourquoi le voisin est agressif.*
>
> *Elle n'a aucune rancœur, car elle se dit : « Pour être ainsi amer, il doit beaucoup souffrir !... »*
>
> *Elle ne dit jamais : « C'est bien fait... », même pour ceux qui commettent des choses troubles, car elle trouve sa joie dans la pureté du cœur.*
>
> *Elle pardonne tout. Elle fait confiance à tous. Elle s'ouvre à l'avenir. Elle est le support de tout* [15].

---

15. Pierre Talec, *L'Annonce du bonheur. Vie et béatitude*, Le Centurion, Paris, 1988, p. 87-88.

Réflexion – actualisation

1. Être faiseur de paix, c'est favoriser la vie. Est-ce que je favorise la vie ?

2. Est-ce plaisant pour les autres de vivre avec moi ?

3. Qu'est-ce que j'apporte de positif pour les gens avec lesquels je vis ?

4. Suis-je un élément de concorde et d'harmonie ?

5. Quel est le dernier geste que j'ai posé qui a embelli la vie d'une autre personne ?

Chapitre 10

« *B*ienheureux ceux qui pleurent (les endeuillés)... »

Nous abordons maintenant le troisième volet, qui porte sur un bonheur découlant d'une certaine espérance dans des situations données très précises : les pleurs et la persécution. Il s'agit de réalités, d'expériences de vie qui semblent survenir moins fréquemment.

Le présent chapitre est consacré à la béatitude suivante : **Bienheureux ceux qui pleurent, car ils seront consolés** (*Mt* 5,5).

Quel est le « champ d'action » de cette béatitude ? Jésus aurait-il voulu ainsi fournir une espérance au sujet de toutes les souffrances qui peuvent jalonner notre vie ? La plupart du temps, en effet, notre vie oscille entre la joie et la peine, le bonheur et la souffrance, les rires et les pleurs. Il est certain que la douleur et les larmes ne constituent pas des réalités qui nous sont étrangères. Personne n'y échappe. Qu'il s'agisse de grandes douleurs ou de joies très profondes, chacun porte son lot. Comme le mentionne la Bible : *« Une fois né, j'ai poussé en pleurant mon premier cri »* (*Sg* 7,3). Est-ce que Jésus a voulu « béatifier » toutes les larmes, de sorte que cette béatitude se rapporterait à tous les moments difficiles de nos vies ? « Bienheureux ceux qui versent des larmes, car ils seront consolés... »

Qu'est-ce que Jésus en dit exactement et à quoi fait-il référence ? Il semble bien qu'il veuille toucher à une autre réalité de notre vie ou à une situation qu'on éprouve tous, un jour ou l'autre, et à laquelle il nous faut faire face. C'est le phénomène de la douleur, de la souffrance, de la peine face à la mort, ces émotions étant exprimées par des larmes.

Qu'est-ce que les larmes ?

On peut toujours chercher une définition scientifique des larmes, mais ça revient à peu près toujours au même : **de l'eau, de l'eau salée !**

> Envisagées du point de vue physiologique, les larmes ne sont qu'une humeur sécrétée par les glandes de l'orbite oculaire qui, constamment, humecte l'œil. Mais, par suite d'un effort physique ou d'une vive émotion, cette sécrétion devient plus abondante au point de se répandre au-dehors. Cette émotion n'est pas nécessairement triste et quelquefois on rit aux larmes. Mais, ordinairement, c'est la douleur qui les provoque et elles traduisent alors la peine profonde du cœur humain [1].

La cause de cet épanchement viendra, cependant, ajouter une note importante à la signification des larmes, puisqu'il y a un élément déclencheur à ces manifestations. Une larme n'est que de l'eau. Comme un cri n'est qu'un ensemble de sons émis par les cordes vocales. Un cri peut, cependant, avoir plusieurs significations, selon la cause qui le provoque. On aura ainsi un cri de joie, de douleur, de surprise, de rage, de dépit, etc. Il en va de même pour les larmes. Elles tirent leur signification de la cause qui les provoque. Là aussi, il pourra y avoir des larmes de joie, de douleur, de peine, de rage, etc.

---

1. Jean Ladame, *Les Béatitudes,* CLD, Chambray, 1984, p. 68.

Nos larmes traduisent souvent une émotion que le barrage de la raison, finalement, ne peut plus retenir. L'émotion est tellement forte que la raison ne maîtrise plus rien. C'est pourquoi on est si dépaysé devant les pleurs : on n'est plus dans le monde du raisonnement, mais dans le monde de l'émotion, un monde rempli de signification qu'il n'est pas nécessairement facile de déchiffrer. Se comprend mieux alors l'affirmation de Saint-Exupéry, dans *Le Petit Prince* : « C'est tellement mystérieux le pays des larmes. » En face de quelqu'un qui pleure, suis-je à l'aise ? Quelle est ma réaction ? Dans des circonstances assez tragiques, il n'est pas rare de voir quelqu'un qui, ne sachant pas trop comment réagir devant les pleurs de l'autre, cherchera maladroitement une issue dans l'humour pour fuir cette situation embarrassante.

Il y a aussi ceux qui ont la larme facile... S'agit-il d'un problème de glandes ? Mais il demeure que certaines larmes sont belles de par leur source, alors que d'autres sont d'une provenance fort discutable. Ces dernières ne peuvent pas être bienheureuses : elles sont hypocrites, feintes. Dieu ne comble pas les hypocrites ni ceux qui ont le cœur tordu. En ce sens, on peut donc dire qu'il y a des larmes qui ne sont pas bienheureuses.

Jésus ne béatifie donc pas les larmes que l'on ne pleure « que d'un œil », celles que l'on désigne communément par l'expression « larmes de crocodile », parce que cet animal, dit-on, caché au milieu des roseaux, imiterait les pleurs et les gémissements de l'homme. Il faut donc se méfier des orateurs à trémolos qui cherchent à nous duper par une émotion affectée et des larmes dans la voix.

Ne sont pas non plus béatifiantes les larmes vaines et stériles, vite épanchées et séchées plus vite encore... Surtout ne peuvent être bienheureuses les larmes issues d'yeux mauvais : larmes de dépit, de rage, de haine ou de vengeance. Elles traduisent l'orgueil blessé, l'avarice jalouse, l'ambition déçue, la méchanceté inassouvie. Non seulement elles ne soulagent pas, mais elles endurcissent le cœur.

Les pires larmes enfin sont celles du désespoir qui n'expriment ni confiance ni repentir [2]...

Les larmes sont peut-être comme la douleur. Je me demande de plus en plus si une grande douleur ne serait pas plutôt muette. Un petit ruisseau fait toujours du bruit, alors qu'une rivière profonde, gonflée d'un contenu plus intense, se déplace souvent sans bruit. Ce n'est pas parce que je ne hurle pas que ma peine n'est pas intense. Cependant, loin de moi l'idée d'affirmer que toutes les manifestations de douleur, dans ces circonstances, sont mensongères. Dans notre culture, les hurlements ne sont pas nécessairement convenables alors que dans d'autres cultures, ils constituent un mode d'expression accepté, voire approprié. Il en est comme du rire. Certaines personnes sont plus expressives, tandis que d'autres le sont beaucoup moins.

Ce n'est pas le lieu d'évoquer ici toutes les larmes qui sont «bonnes», mais un survol rapide du Nouveau Testament permet d'en percevoir l'importance.

— Larmes d'angoisse des parents devant la maladie de leur enfant. *« Si tu peux quelque chose »*, disait à Jésus le père d'un

---

2. Jean Ladame, *Les Béatitudes,* CLD, Chambray, 1984, p. 70-71.

épileptique. Et le Christ de le reprendre : « *Si vous ne voyez des miracles, vous ne croyez pas.* » Alors cet homme, « *avec des larmes* », précise saint Marc, de s'écrier : « *Seigneur, je crois, mais viens en aide à mon peu de foi !* » (*Mc* 9,23).

— Larmes de la prière et de la supplication. Mais ce fut Jésus surtout qui, « *pendant les jours de sa vie mortelle, supplia avec un grand cri et des larmes et il fut exaucé à cause de sa piété* » (*Hé* 5,7).

— Larmes devant la mort. Jaïre pleure sa fillette (*Mc* 5,39), la veuve de Naïm son fils unique et, en l'apercevant en larmes, Jésus est bouleversé d'émotion (*Lc* 7,13). Devant le tombeau de Lazare, à Béthanie, Jésus lui-même pleura, ce qui fit dire aux Juifs : « *Voyez comme il l'aimait* » (*Jn* 11,35-36). Plus tard, sur la mort d'Étienne, la communauté de Jérusalem fera « *une grande lamentation* » (*Ac* 8,2).

— Larmes devant le manque d'accueil et l'incompréhension. Jésus pleure sur Jérusalem, qui n'a pas su reconnaître le temps où Dieu l'a visitée (*cf. Lc* 19,41).

— Larmes de repentir, de regret et de reconnaissance. La pécheresse baigne de ses pleurs les pieds de Jésus, tandis que son cœur était purifié par la grâce (*Lc* 7,38). Larmes de Pierre suscitées par le regard de Jésus (*Lc* 22,60).

— Larmes traduisant l'amour du prochain. « *Je vous ai écrit dans une grande affliction, le cœur angoissé et avec bien des larmes,* confie Paul aux Corinthiens, *non pour vous attrister, mais pour que vous sachiez quel grand amour j'ai pour vous* » (*2 Co* 2,4).

Cette béatitude porterait-elle donc sur toutes les larmes «bonnes» provoquées par différentes formes de souffrance, rejoignant ainsi le message de consolation de Jésus : *« Venez à moi, vous tous qui peinez sous le poids du fardeau, et moi je vous donnerai le repos. Prenez sur vous mon joug et mettez-vous à mon école, car je suis doux et humble de cœur, et vous trouverez le repos de vos âmes »* (*Mt* 11,28-29) ? On pourrait alors interpréter la béatitude dans le sens suivant : «Bienheureux êtes-vous, vous qui êtes plongés dans une forme de malheur, de misère, car Dieu va intervenir pour vous. »

Matthieu a cru bon d'apporter certaines précisions au sujet de la pauvreté *(pauvres en esprit)* et de la faim *(faim et soif de justice).* «S'il a transformé les conditions matérielles en dispositions religieuses et spirituelles, quel sens donne-t-il dans cette ligne ‹ aux affligés › ? Ici, les exégètes s'éparpillent en des directions aussi diverses qu'incontrôlables [3]. » Il semble bien cependant que le verbe employé par Matthieu fasse référence à une réalité précise, celle de la mort [4]. *« **Bienheureux vous qui êtes dans le deuil**, vous serez consolés. »* Cette béatitude touche ainsi une réalité avec laquelle tout être humain se trouve aux prises, un jour ou l'autre, soit la mort. Pierre d'achoppement des disciples au lendemain de la mort même de Jésus. Trois exemples illustrent bien ce fait : Thomas, les disciples d'Emmaüs et Marie

---

3. Michel Gourgues, *Foi, bonheur et sens de la vie. Relire aujourd'hui les béatitudes,* Médiaspaul, Montréal/Paris, 1995, p. 77.
4. Le verbe *pentheô. Cf.* Michel Gourgues, *Foi, bonheur et sens de la vie. Relire aujourd'hui les béatitudes,* Médiaspaul, Montréal/Paris, 1995, p. 78-81.

de Magdala [5]. Thomas, ce disciple qui glisse facilement de l'enthousiasme au découragement, n'accueille pas facilement la nouvelle de la résurrection (*Jn* 20,24-29). La mort de Jésus vient de mettre fin au rêve qu'il nourrissait. Ce n'est que devant des preuves évidentes (traces des clous et de la lance, les cicatrices étant une des manières d'identifier les cadavres) qu'il s'agit bien de Jésus lui-même — et non de quelque autre personnage qu'on voudrait lui présenter en lieu et place de Jésus — qu'il admet que Jésus est bel et bien vivant. Les disciples d'Emmaüs s'en retournent à la maison, la mort dans l'âme et le dos à la vie (*Lc* 24,13-35). Ils ne comprennent pas que les événements qui viennent de survenir sont la réalisation de ce que Jésus leur a maintes et maintes fois annoncé : il devait passer par la mort et revenir à la vie. Marie de Magdala est inconsolable d'avoir perdu celui qu'elle aime (*Jn* 20,11-18). À celui qu'elle prend pour le jardinier, elle pose la question dont l'écho parvient jusqu'à nous à travers ce cri si souvent repris : « Où est-il, celui qui est mort ? Je veux le revoir. »

Grand et bouleversant mystère que celui de la mort ! Et personne, riche ou pauvre, célèbre ou inconnu, n'échappe à cette expérience. Le deuil produit une sorte de nettoyage intérieur : « Ceux qui sont en deuil de leurs enfants, de leur femme, de leurs parents, ne s'occupent plus d'argent ni de plaisir. Ils ne cherchent plus la gloire, ils ne sont plus susceptibles aux injures, la jalousie ne les tient plus, ils ne sont plus

---

5. Pour une présentation plus élaborée de ces trois personnages (et de quelques autres), voir : Gaston Vachon, *Jésus m'a rencontré déjà,* Éd. Anne Sigier, Sillery.

obsédés par les autres passions. Ils sont tout entiers adonnés à leur deuil[6]. »

Pourquoi alors cette proclamation d'un bonheur en plein cœur d'une situation douloureuse ? En raison de la peine ou de la souffrance en elles-mêmes ? Impossible ! Le bonheur ne vient pas de la situation qu'on est en train de traverser, mais d'une relation à autre chose. Ces personnes sont heureuses parce qu'une consolation les attend. Face à cette réalité douloureuse, Jésus nous déclare : « Vous qui êtes dans le deuil, devant la mort, eh bien, vous serez consolés. » Cette béatitude concerne donc la réalité d'une séparation définitive avec quelqu'un qui nous est cher. Dans le deuil, tout s'effondre. Sauf Jésus Christ, qui dit « non » aux cercueils et aux cimetières, « non » aux tentures noires, « non » aux regrets éternels. Saint Paul en avait instruit les Thessaloniciens : *« Nous ne voulons pas, frères, que vous restiez dans l'ignorance au sujet des morts. Il ne faut pas que vous vous désoliez comme les autres, qui n'ont pas d'espérance. Puisque Jésus est mort et ressuscité, comme nous le croyons, pareillement, ceux qui se sont endormis en Jésus, Dieu les emmènera avec lui… Consolez-vous les uns les autres par de telles pensées »* (1 Th 4,13-18).

Bienheureux vous que la mort fait pleurer, car vous serez consolés… par Dieu.

Dieu lui-même viendra consoler ceux qui traversent cette épreuve, ce moment auquel nul n'échappe. « Nul n'ignore que

---

6. Saint Jean Chrysostome, *Homélie 15 sur saint Matthieu*, n° 3.

ces grandes secousses peuvent être l'occasion d'une rencontre avec Dieu. Et c'est bien ce que le Christ nous fait envisager, car le passif *ils seront consolés* laisse entendre à demi-mot que Dieu les consolera, puisque le deuil est l'occasion exceptionnelle de ressentir et d'exprimer la douleur [7]. »

N'est-ce pas le message d'espérance que donne l'Apocalypse ?

— « *Il essuiera toutes larmes de leurs yeux ; de mort, il n'y en aura plus. De pleurs, de cris, de peines, il n'y en aura plus, car l'ancien monde s'en est allé »* (*Ap* 21,4).

— « *Car l'Agneau qui est au milieu du trône les conduira aux sources de la vie. Dieu essuiera toute larme de leurs yeux »* (*Ap* 7,17).

Espérance soutenue par de multiples récits de l'Évangile où la mort ne débouche pas sur le néant, mais sur la résurrection. Trois phases se tiennent solidement enchaînées : mort, larmes, résurrection. En voici quelques exemples :

— La fille de Jaïre rappelée à la vie : « ‹ *Ta fille est morte ; pourquoi ennuyer encore le Maître ? ›... Jésus voit de l'agitation, des gens qui pleurent et poussent de grands cris... ‹ Pourquoi cette agitation et ces pleurs ? Elle n'est pas morte, elle dort. › Il prend la main de l'enfant et lui dit : ‹ Talitha qoum ›, ce qui veut dire : ‹ Fillette, je te le dis, réveille-toi ! › Aussitôt la fillette se leva et se mit à marcher... Et il*

---

7. M. Du Buit, o. p., *Sermon sur la montagne,* Salvator / Mulhouse, Bar-le-Duc, 1977, p. 26 ss.

leur dit de donner à manger à la fillette » (Mc 5,35-43). **Heureux les endeuillés, ils seront consolés !**

— Résurrection d'un jeune homme à Naïm : *« On portait tout juste en terre un mort, un fils unique dont la mère était veuve… En la voyant, le Seigneur fut pris de pitié pour elle et il lui dit : ‹ Ne pleure plus. ›… Il dit : ‹ Jeune homme, je te l'ordonne, réveille-toi. › Alors le mort s'assit et se mit à parler. Et Jésus le rendit à sa mère »* (Lc 7,12-15). **Heureux les endeuillés, ils seront consolés !**

— Jésus rend la vie à un mort, Lazare. *« Jésus leur dit alors ouvertement : ‹ Lazare est mort… › Beaucoup de Juifs étaient venus chez Marthe et Marie pour les consoler au sujet de leur frère… Lorsqu'il les vit se lamenter… Jésus frémit intérieurement et il se troubla… Alors Jésus pleura… Ayant ainsi parlé, Jésus cria d'une voix forte : ‹ Lazare, sors ! › Et celui qui avait été mort sortit, les pieds et les mains attachés par des bandes, et le visage enveloppé d'un linge. Jésus dit aux gens : ‹ Déliez-le et laissez-le aller ! › »* (Jn 11,1-44). **Heureux les endeuillés, ils seront consolés !**

Espérance soutenue par cette certitude que Dieu m'accueillera, comme l'exprime si fortement le livre de Job : *« Je voudrais qu'on écrive ce que je vais dire, que mes paroles soient gravées sur le bronze avec le ciseau de fer et le poinçon, qu'elles soient sculptées dans le roc pour toujours ! Je sais, moi, que mon libérateur est vivant, et qu'à la fin il se dressera sur la poussière des morts ; avec mon corps, je me tiendrai debout, et de mes yeux de chair, je verrai Dieu. Moi-même, je le verrai, et quand mes yeux le regarderont, il ne se détournera pas »* (Jb 19,23-27).

Espérance soutenue par cette grande certitude que la résurrection de Jésus n'est pas un vain mot et que cette résurrection
du Christ est garantie de ma propre résurrection et de celle de
tout être humain, comme l'affirme avec autorité saint Paul : *« Si
nous avons mis notre espérance en Christ pour cette vie seulement, nous
sommes les plus à plaindre de tous les hommes. Mais non ; le Christ est
ressuscité des morts, prémices de ceux qui sont morts. En effet, puisque la
mort est venue par un homme, c'est par un homme aussi que vient la
résurrection des morts : comme tous meurent en Adam, en Christ tous
recevront la vie »* (1 Co 15,19-22).

Comment tout cela se passera-t-il ? Nous n'en savons trop
rien et personne ne peut en parler d'expérience ! Si nous nous
fions à saint Paul, il est évident qu'il y aura du changement
entre ce que nous sommes maintenant et ce que nous serons
dans notre corps de ressuscité. *« Mais, dira-t-on, comment les morts
ressuscitent-ils ? Avec quel corps reviennent-ils ? Insensé ! Toi, ce que tu
sèmes ne prend vie qu'à condition de mourir. Et ce que tu sèmes n'est
pas la plante qui doit naître, mais un grain nu, de blé ou d'autre chose.
Puis Dieu lui donne corps, comme il le veut et à chaque semence de
façon particulière. Aucune chair n'est identique à une autre... Autre est
l'éclat du soleil, autre celui de la lune, autre celui des étoiles ; une étoile
même diffère en éclat d'une autre étoile... Il en est ainsi pour la résurrection des morts : semé corruptible, le corps ressuscite incorruptible ;
semé méprisable, il ressuscite éclatant de gloire ; semé dans la faiblesse, il
ressuscite plein de force ; semé corps animal, il ressuscite corps spirituel »*
(1 Co 15,35-41). On verra bien en temps et lieu pour le résultat
final, mais le fait de la résurrection est certain.

Bienheureux vous que la mort fait pleurer, car vous serez consolés… par Dieu… dans l'espérance de retrouver les vôtres.

« *Le premier jour de la semaine, à l'aube, alors qu'il faisait encore sombre, Marie de Magdala se rend au tombeau* » (Jn 20,1). Elle s'y rend pour compléter les rites de l'ensevelissement, hâtivement achevés en raison du sabbat. La pierre est enlevée. Le corps n'est plus là. « *Marie était restée dehors, près du tombeau, et elle pleurait* » (Jn 20,11). Son cœur est échoué sur la rive de la désespérance parce que celui qu'elle aime a disparu. Ses pleurs (il en est question quatre fois dans ce bref passage évangélique [8]) traduisent une peine qui ne s'explique que par la perte d'un être cher. Et Jésus entre à plein dans cette douleur quand il lui demande : « **Qui** *cherches-tu ?* » (Jn 20,15).

Celui qu'elle cherche est celui-là même qu'elle aime et qu'elle voudrait bien retrouver. Où est-il donc passé ? À sa manière, elle répète le cri de l'épouse du Cantique des cantiques : « *Celui que j'aime, vous l'avez vu ?* » (Ct 3,3). Ce cri, elle le formule à sa façon : « *Seigneur, si c'est toi qui l'as enlevé, dis-moi où tu l'as mis et j'irai le prendre* » (Jn 20,15). Un cri répété par tant de personnes éperdues devant le silence de l'être cher qui les a quittées. « Où es-tu ? Parle-moi ! Dis-moi quelque chose ! » À sa manière, chaque formule, parfois gauchement énoncée, traduit la souffrance de ne plus revoir cet être aimé.

---

8. « *Marie était restée dehors, près du tombeau, et elle pleurait* » (Jn 20,11). « *Tout en pleurant, elle se penche vers le tombeau* » (Jn 20,11). « *Femme, lui dirent-ils, pourquoi pleures-tu ?* » (Jn 20,13). « *Femme, pourquoi pleures-tu ?* » (Jn 20,15).

La question se pose alors dans toute son acuité : **reverrai-je ceux que j'ai aimés ? Je le crois fermement.** Mon assurance s'appuie sur différentes sources.

— Le soir du jeudi saint, à la dernière Cène, Jésus déclare à ses disciples : *« Je ne boirai plus désormais de ce produit de la vigne, jusqu'au jour où je le boirai **avec vous** (meth'hymôn), nouveau, dans le royaume de mon Père »* (*Mt* 26,29). Il remet à l'endroit le cœur de ses disciples en les assurant qu'ils se retrouveront avec lui ou qu'il se retrouvera avec eux. Il est certes question d'un vin *nouveau,* d'une nouvelle manière de vivre avec le Christ, mais il s'agit bien de ses disciples, des êtres bien précis. Et pourquoi en serait-il autrement des parents et amis qui nous ont quittés ?

— À l'eucharistie, ne demande-t-on pas : « Permets qu'**avec** la Vierge Marie, la bienheureuse mère de Dieu, avec les apôtres et les saints de tous les temps qui ont vécu dans ton amitié, nous ayons part à la vie éternelle » ? Toutes ces personnes perdraient leur « personnalité », leur « individualité » ? Dites-moi que je ne retrouverai pas Marie, Joseph, Pierre, Thomas… au ciel, et je commencerai peut-être à faiblir dans ma certitude. Et pourquoi je ne reconnaîtrais pas et ne retrouverais pas les miens ?

— Dans la liturgie même des funérailles, ne va-t-on pas nourrir l'espérance de ceux qui vivent le deuil par cette affirmation, au moment de l'accueil du défunt : « Si nous sommes réunis… c'est pour affirmer ensemble que tous ces liens (d'amitié et d'affection) que nous tissons tout au long de notre vie ne s'arrêtent pas avec la mort»? Au moment du dernier adieu, la formulation est encore plus claire : «Nous allons nous séparer de N..., nous allons nous quitter. C'est un moment de tristesse, mais il faut que l'espérance reste forte en nous. Car nous espérons **revoir** N... quand Dieu nous réunira, dans la joie de son Royaume. » Langue de bois trompeuse ou certitude de la foi appuyée sur la certitude de la vie éternelle, de la résurrection et de la communion des saints? Je préfère opter pour la deuxième hypothèse.

Bienheureux vous que la mort fait pleurer, car vous serez consolés... par ceux qui vous entourent...

Ceux qui sont plongés dans cette épreuve du deuil seront consolés par les gens autour d'eux. Nous oublions trop souvent que nous sommes responsables aussi de la réalisation de cette Béatitude. Certes, Dieu me donne la force de traverser cette épreuve, cette difficulté. D'expérience, chaque personne pourrait pratiquement le confirmer. Je puis bien m'inquiéter de la manière dont je pourrai passer à travers un deuil, mais c'est un passage obligé. Pas facile, il est vrai. Dans ma souffrance, je puis avoir l'impression que la terre s'est arrêtée de tourner. Je me souviens, aux funérailles de mon père, à la sortie de l'église, comment le choc avait été dur de constater que la vie continuait, les feux de circulation continuaient de changer, les voitures circulaient, les gens riaient et parlaient sur les trottoirs... Et pourtant, la vie continue... depuis plus de quinze ans déjà !

Les « endeuillés » seront consolés par les amis qui seront autour d'eux. Au moment de cette expérience, nous éprouvons une sensibilité assez remarquable, un besoin et une capacité d'accueillir une parole d'espérance. Je puis ainsi dire qui m'a téléphoné à cette occasion, qui s'est présenté au salon funéraire, qui m'a expédié un télégramme, une carte, un message. J'ai besoin de ces signes de présence, j'ai particulièrement besoin de la présence d'amis très proches. Cette présence est consolation et soutien.

Une mise au point s'impose : attention à la formule des paroles de consolation. La parole la plus éloquente est peut-être le silence. La mort est un mystère, il ne faut pas l'oublier. Et elle entraîne en son sillon le grand mystère de la souffrance. Double mystère à respecter. Voilà pourquoi, parfois, il vaut mieux dire tout simplement : « Je ne sais pas quoi dire... mais je suis là, avec toi... »

Consolation ignorante de la compassion que de déclarer : « Il faut bien se faire à l'idée. Tout le monde passe par là. Fallait bien que ça arrive, un jour... » Oui, tout le monde y passe, mais, pour cette personne, c'est la première et la dernière fois qu'elle y passe ! Et pour les gens qui vivent le deuil, c'est aussi la première fois que cette personne chère les quitte.

Attention aussi à ces formules « religieuses » toutes faites qu'on sert trop facilement, à la manière d'un casse-croûte « Prenez et emportez ».

— « *Encouragez-vous… votre épouse, votre mari, votre enfant est avec le bon Dieu… Il est heureux.* » Mais cette personne-là était heureuse aussi avec moi !

— « *Pour vous éprouver ainsi, c'est clair que le bon Dieu vous aime.* » Drôle de manière de me montrer son amour en m'arrachant un bras ! Ce n'est pas de cette façon que j'ai appris à aimer.

— « *Votre garçon [brillant universitaire, mort accidentellement] jouit de la vision béatifique…* » Pensez-vous que c'est une occupation pour un gars de vingt ans en bonne santé ?

Bien d'autres formules de ce style pourraient être répertoriées. Elles ne sont pas fausses, mais elles risquent d'être « à contretemps ». Nos formules de consolation doivent être prononcées avec discernement. Une démarche malhabile risque de créer l'effet contraire de ce qu'on souhaitait.

Être consolés par Dieu, plus tard, mais être capables aussi d'apporter une consolation. Nous sommes porteurs de la consolation même de Dieu, mais cela ne se fait pas de n'importe quelle manière. Il faut soi-même avoir vécu le deuil pour comprendre comment des « phrases toutes faites » n'ont pas toujours le mérite ou le don de consoler et d'encourager. Vaut mieux dire : « *Je suis là… Bonne chance. C'est dur, mais je suis là. Si tu as besoin…* » N'oublions pas que nous sommes toujours seuls à vivre notre propre douleur. Personne ne peut la vivre à notre place. Ce dont nous avons besoin, c'est que quelqu'un nous accompagne, qu'il se fasse proche. Nous avons besoin de quelqu'un qui nous aide à accueillir cette souffrance, qui nous épaule, qui nous soutienne.

Comme chrétiens ou chrétiennes, nous ne sommes pas des adeptes inconditionnels de la souffrance – ce qui serait une forme de masochisme. « Or, nous n'avons rien de commun avec les tenants du ‹dolorisme›. Les larmes, comme telles, ne nous intéressent pas[9]. »

La souffrance est habituellement vue de façon négative. Pour qu'elle prenne sa valeur entière, avec sa part de positif, il faut la regarder dans la perspective de la mort et de la résurrection du Christ.

> Or, notre attitude se montre parfois ambiguë. Utilisant un vocabulaire où puisent également la vraie et la fausse piété, nous disons, par exemple, à des malades – à n'importe quels malades – qu'ils sont les privilégiés du Seigneur, et nous ajoutons qu'un tel choix divin doit les réjouir. Au lieu de les édifier, tant de légèreté les scandalise. Dans les trois-quarts des cas, nous ne sommes pas sincères, et ils le sentent bien. Regardez avec respect l'homme en proie à l'épreuve... Défendez-le avec votre âme[10].

Et cela vaut pour les consolations devant la mort...

---

9. A.-M. Carré, o. p., *Quand arrive le bonheur. Les Béatitudes,* Cerf, Paris, 1974, p. 33.
10. *Ibid.,* p. 33-34.

Réflexion – actualisation

1. Face à la mort de mes proches, me suis-je égoïstement enfermé dans la révolte ou la tristesse ?

2. Ai-je communiqué la consolation de l'Évangile à ceux qui pleuraient autour de moi ?

3. Est-ce que je marche vers ma mort avec l'inconscience des bêtes, avec la terreur des non-croyants ou avec la consolation joyeuse des vrais chrétiens ?

4. Je me rappelle un décès récent où j'ai été appelé à témoigner de la sympathie, de la consolation. Comment me suis-je comporté ?

Chapitre 11

« *Bienheureux les persécutés...* »

D E LA FINALE SUIVANTE, faut-il faire deux béatitudes distinctes ou la considérer comme une entité plus largement développée ?

— *« Heureux ceux qui sont persécutés pour la justice : le royaume des cieux est à eux »* (Mt 5,10).

— *« Heureux êtes-vous lorsqu'on vous insulte, qu'on vous persécute et qu'on dit faussement contre vous toute sorte de mal à cause de moi. Soyez dans la joie et l'allégresse, car votre récompense est grande dans les cieux ; c'est ainsi en effet qu'on a persécuté les prophètes qui vous ont précédés »* (Mt 5,11-12).

Je serais porté à y voir l'expression de deux béatitudes différentes, bien qu'elles se tiennent et qu'elles se présentent un peu comme «frérot et sœurette»... «On rassemble souvent en un seul groupe ceux qui souffrent pour la justice et ceux qui souffrent pour le Christ. Mieux vaut en parler séparément, même si on pense que l'unique formule de béatitude, conservée en saint Luc, a été dédoublée dans la tradition[1].» D'ailleurs, saint Augustin a adopté cette manière de voir qu'a également suivie saint Thomas d'Aquin.

1. Les persécutés pour la justice

Cette huitième béatitude complète le cercle des béatitudes «à la troisième personne», *«bienheureux ceux qui... bienheureux*

---

1. M. Du Buit, o. p., *Sermon sur la montagne*, Salvator/Mulhouse, Bar-le-Duc, 1977, p. 47.

les... ». Et le bonheur promis est formulé dans les mêmes termes que pour la première des béatitudes, « *bienheureux les pauvres de cœur, le royaume des cieux est à eux* ».

Pour ce qui est de la signification du terme « justice », il faut se référer au chapitre 5, qui traite des affamés et assoiffés de justice. En effet, la justice à laquelle Matthieu fait référence est celle qu'il a esquissée tout au long du Sermon sur la montagne. Il s'agit de l'accomplissement de la volonté de Dieu, de l'ajustement au plan de Dieu. En effet, pour cet évangéliste, la justice « évoque, à ses yeux, à la fois la plénitude des exigences de la Parole de Dieu pour toutes les dimensions de l'existence et notre effort pour les concrétiser dans la foi, l'espérance et la charité, suivant le modèle de l'infinie Justice, de l'infinie Sainteté, de l'infinie Perfection. Le Sermon sur la montagne est fait pour être vécu[2]. »

Si l'enseignement des béatitudes est donné pour être vécu, le Seigneur prend soin de nous prévenir : « Prenez garde ! Si vous entrez dans ce jeu-là, vous serez persécutés inéluctablement. Une fois engagés dans l'expérience de l'Amour et de ses exigences, vous connaîtrez la persécution. »

Ce désir et cette volonté tenace d'ajustement à la Parole de Dieu ne peuvent manquer de provoquer des réactions qui peuvent s'étendre de l'admiration à la persécution, comme ce fut le cas pour Jésus lui-même. Quelqu'un qui prend au sérieux la vérité, la justice ou la paix ne sera pas toujours parfaitement

---

2. René Coste, *Le Grand Secret des béatitudes*, Éd. SOS, Paris, 1985, p. 109.

compris. Cette personne risque même de devenir agaçante et
« dérangeante » pour les autres qui ne partagent pas son point
de vue. Ceux qui font le mal veulent qu'on leur donne raison et
supportent difficilement qu'on soit différent d'eux. Prendre la
vérité au sérieux, prendre la justice au sérieux, prendre la sainteté au sérieux, cela entraîne un mode de vie qui risque de
mettre au jour ce qui est mensonge, injustice ou conduite contraire à l'Évangile. Peu de personnes acceptent facilement
d'être remises en cause. Plutôt que d'accueillir pareille remise
en question, elles peuvent alors choisir d'attaquer la personne
qui agace leur conscience.

Prendre au sérieux l'amour de Dieu, l'enseignement de
Jésus, s'engager résolument dans une marche ferme à la suite
de Jésus, c'est, à coup sûr, prendre le risque plus que probable
de passer pour fous ou folles. Et l'histoire ne manque pas
d'exemples pertinents. « En effet, tous les saints ont été, sont et
seront persécutés pour la justice par les médiocres. Le saint
Curé d'Ars fut brocardé par ses confrères, Charles de Foucauld
était regardé comme ‹ un original ›, deux chanoines tentèrent
d'enfermer Dom Bosco dans un asile d'aliénés, etc.[3]. » Comme
on le voit, cette manière d'agir a cours non seulement à l'extérieur de notre monde « religieux ou croyant », mais à l'intérieur même de notre « bon monde ». Aujourd'hui, être capable
de défendre ses principes religieux et les vivre généreusement
amènent pratiquement toujours des réactions. Pas toujours

---

3. Théodule Rey-Mermet, *Croire. Pour une redécouverte de la morale*, Droguet /
   Ardant, Limoges, 1985, p. 483.

violentes, mais non moins réelles et parfois tenaces, ne serait-ce que de se faire dire qu'on est «dépassé, arriéré, un peu ramolli du cerveau». Quoi de surprenant à tout cela? Jésus a connu quelque chose de semblable, selon le témoignage de l'évangéliste Marc: *«Jésus vient à la maison, et de nouveau la foule se rassemble, à tel point qu'ils ne pouvaient même pas prendre leur repas. À cette nouvelle, les gens de sa parenté vinrent pour s'emparer de lui. Car ils disaient : ‹ Il a perdu la tête ›»* (*Mc* 3,20-21).

Jésus est un signe de contradiction (*Lc* 2,34). Il est accueilli ou rejeté. Il en va de même pour nous, ses disciples. Et cela, par les gens mêmes qui nous entourent. *« N'allez pas croire que je sois venu apporter la paix sur la terre ; je ne suis pas venu apporter la paix, mais bien le glaive. Oui, je suis venu séparer l'homme de son père, la fille de sa mère, la belle-fille de sa belle-mère : on aura pour ennemis les gens de sa maison »* (*Mt* 10,34-35). Et ce n'est pas du roman-fiction ! Nous sommes envoyés en mission dans notre propre milieu de vie, auprès des personnes qui nous connaissent… Facile alors de relever nos points faibles et de nous prendre en défaut.

Et la vraie justice ne peut être atteinte que si l'on marche à la suite de Jésus !

Ne pourrait-on pas, à ce chapitre de la persécution, en déterminer deux niveaux ? La première, violente, sanglante, peut conduire au don de sa vie pour sa foi au Christ, dans le martyre. La deuxième, moins violente, n'en demeure pas moins une autre manière de donner sa vie pour sa foi au Christ, chaque jour, dans une persécution larvée, mais non moins efficace. Ce deuxième type de persécution ne se rapprocherait-il pas de la dernière béatitude *« Heureux êtes-vous quand on vous insultera, quand on vous persécutera à cause de moi... »* ?

2. Les persécutés « à cause de Jésus »

« La dernière béatitude s'adresse effectivement à des hommes qui auront à subir l'outrage, la persécution et la calomnie (*Mt*), qui rencontreront la haine et l'exclusion, on les outragera et on rejettera leur nom (*Lc*) ; mais cette hostilité à laquelle ils seront en butte leur arrivera à cause de Jésus (*Mt*), à cause du fils de l'homme (*Lc*). Et c'est précisément par là que leur sort, semblable à celui qu'ont connu les prophètes autrefois, sera le gage d'une récompense merveilleuse dont la perspective doit les réjouir[4]. » La précision apportée par les évangélistes doit être mise en évidence : *à cause de moi*. En effet, cette béatitude ne fait pas nécessairement référence à toutes les souffrances qu'on peut vivre, à toutes les animosités qu'on peut essuyer et les incompréhensions qu'on peut rencontrer. Il s'agit bien d'insultes, de persécutions, de calomnies infligées et endurées en référence à Jésus-Christ, à cause de l'attachement à Jésus. Attention aux pseudo-martyrs qui se classent un peu trop facilement dans cette catégorie et qui ont vite fait de sortir banderoles et pancartes pour faire connaître l'incompréhension dont ils se croient victimes. *« Le Seigneur l'avait bien dit que nous serions persécutés... »* Mentalité de sectes ! Toute persécution ou souffrance ne relève pas nécessairement de l'attachement au Christ.

---

4. Jacques Dupont, *Les Béatitudes,* tome 2, Gabalda, Paris, 1969, p. 281.

Je puis être un bon chrétien ou une bonne chrétienne et, dans un excès de zèle, ne pas me mêler de mes affaires. Que je me fasse remettre clairement à ma place ne fait pas de cette rebuffade une insulte relevant de mon attachement au Seigneur. Ce n'est pas à cause de lui que j'essuie une telle réprimande, mais «à cause de mon manque de jugement». Que je me glisse dans la vie privée d'une autre personne et que celle-ci me retourne comme poisson dans la poêle, cette mise au point — même si elle est quelque peu violente — n'a rien à voir avec ma marche à la suite de Jésus. Elle m'est tombée dessus «à cause de mon indiscrétion».

Quand une personne, si bien intentionnée qu'elle soit, refuse de se soumettre au discernement communautaire et n'accepte aucune critique de ses idées ou de ses projets, elle ne doit pas se surprendre de recevoir oppositions et objections. Ces réactions déplaisantes ne sont pas nécessairement imputables à son engagement à la suite de Jésus, mais elles surviennent souvent à cause de son entêtement et de son orgueil. Ce n'est pas à cause de Jésus que de telles personnes sont «persécutées», mais bien à cause de leur personnalité mesquine, de leur orgueil démesuré et de leur moi irritable! Cette réalité ne fait pas nécessairement partie des béatitudes évangéliques! Nous ne pouvons donc classer dans cette catégorie toutes nos petites persécutions. Être persécuté pour Jésus implique la défense de la foi et des gestes qui en découlent, des gestes qui relèvent de notre attachement vital à Jésus et non pas de l'attachement à nos petites opinions personnelles. Il existe une grande différence entre la sainteté et la susceptibilité!

Un autre terme ajoute une couleur importante à cette béatitude. Il s'agit du mot « faussement ». Cette précision de Matthieu a sa raison d'être. « Si les chrétiens ont à se réjouir d'être persécutés, c'est uniquement dans l'hypothèse où ils le sont injustement. Tout changerait, s'ils méritaient leurs mauvais traitements en raison de leur mauvaise conduite[5]. » De tous temps, les chrétiens n'ont pas été à l'abri des faiblesses et des tentations. Pour éviter tout risque de laxisme, les apôtres ont dû apporter des précisions pour que le message de Jésus soit correctement interprété. Dans cette veine, une précision de saint Pierre au sujet de la persécution mérite d'être citée : *« Si l'on vous outrage pour le nom du Christ, heureux êtes-vous, car l'Esprit de gloire, l'Esprit de Dieu, repose sur vous. Que nul d'entre vous n'ait à souffrir comme meurtrier, voleur ou malfaiteur, ou comme se mêlant des affaires d'autrui, mais si c'est comme chrétien, qu'il n'en ait pas honte, qu'il glorifie plutôt Dieu à cause de ce nom »* (1 P 4,14-16).

La foi conduit normalement à une conduite ajustée et conforme à l'Évangile, de manière à ne pas donner prise à des critiques malveillantes, comme le souligne la lettre de saint Pierre. Cette dernière béatitude prend donc une dimension précise, puisqu'elle est « réservée aux chrétiens qui font le bien et contre lesquels on ne peut porter que des accusations fausses[6] ».

Si je veux être « sel de la terre et lumière du monde » (*Mt* 5,13-14), il me faut adopter les béatitudes et y adapter ma

---

5. René Coste, *Le Grand Secret des béatitudes*, Éd. SOS, Paris, 1985, p. 105.
6. Jacques Dupont, *Les Béatitudes*, tome 3, Gabalda, Paris, 1973, p. 340.

conduite quotidienne. Une conduite irréprochable… si tel était toujours le cas ! Hélas ! la « pliure » de la faute d'origine a laissé des traces tenaces. Mais le message de Jésus est clair et il a été bien saisi par les apôtres. Pour n'en citer que trois exemples…

— *« Agissez en tout sans murmures ni réticences, afin d'être sans reproche et sans compromission, enfants de Dieu sans tache au milieu d'une génération dévoyée et pervertie, où vous apparaissez comme des sources de lumière dans le monde »* (Ph 2,14-15).

— *« Montre en ta personne un modèle de belles œuvres : pureté de doctrine, dignité, parole saine et inattaquable, afin que l'adversaire, ne trouvant aucun mal à dire à notre sujet, soit couvert de confusion »* (Tt 2,7-8).

— *« Ayez une belle conduite parmi les païens, afin que, sur le point même où ils vous calomnient comme malfaiteurs, ils soient éclairés par vos bonnes œuvres et glorifient Dieu au jour de sa venue »* (1 P 2,12).

C'est à croire que « la bonne renommée » passe avant tout. Il faut bien saisir ce message pour ne pas le trahir. Une bonne réputation basée sur la vérité du comportement et de l'intérieur. Une conduite qui reflète le cœur. Une morale qui est l'expression d'une « spiritualité », soit l'attachement indéfectible au Seigneur.

Un vieux sage m'a dit, un jour : « Le bon Dieu nous éprouve plus particulièrement dans trois domaines : nos biens, notre santé, notre réputation. » Il serait secondaire d'en débattre ou de remettre en question la formulation. Cependant, que chaque personne regarde sa vie et on verra que cette affirmation rejoint la plupart des expériences personnelles. Trois domaines d'une très grande sensibilité ! Ne nous attardons pas sur la question des biens et de la santé et passons plutôt à la question de la réputation.

L'atteinte à la réputation est un exercice auquel s'adonnent aussi bien nos ennemis de l'extérieur que les gens de notre maison, de notre communauté, de notre groupe, etc. Ces manquements sont très souvent classés sous le titre général de « manquements à la charité ». Il est si facile de laisser tomber un commentaire du coin des lèvres, avec l'air de ne pas y accorder d'importance, mais en sachant très bien qu'il est porteur d'un venin. Une fois entachée, la réputation d'une personne est rarement réhabilitée. Je puis être victime d'une telle offense, mais je puis aussi la pratiquer à l'égard d'autres personnes, avec beaucoup de doigté et de raffinement. Comme le disait si finement un confrère : « Nos petits coups d'épingle religieusement donnés. » Après tout, ne sommes-nous pas des gens pleins de délicatesses ? Nous savons comment faire plaisir, comment rejoindre le cœur des autres. Et quand on sait comment faire plaisir énormément, on sait aussi comment « piquer » très précisément.

La sainteté chrétienne ne peut être que celle des béatitudes, des béatitudes vécues dans l'ordinaire, au quotidien. Attention, cependant, au danger pernicieux de se proclamer soi-même « martyr et témoin officiel de la vérité » !

Cette béatitude pousse dans ses derniers retranchements celui qui veut s'engager à marcher à la suite de Jésus. *« Si quelqu'un veut venir à ma suite, qu'il renonce à lui-même et prenne sa croix, et qu'il me suive. En effet, quiconque veut sauver sa vie la perdra ; mais quiconque perd sa vie à cause de moi l'assurera »* (Mt 16,24-25). Paradoxe du mystère pascal.

Il n'y a aucun avantage à s'attarder à ce christianisme dolent et larmoyant que les amateurs de mièvreries spirituelles veulent appuyer sur les béatitudes. Comme si le Christ s'adressait ici aux « âmes meurtries » et « affamées de bonheur » ! Quel affadissement de ces maximes décisives par lesquelles Jésus condamne sans appel les bonheurs au rabais et les joies faciles, nous rend le sens de notre vraie grandeur et nous apprend que c'est notre appétit du bonheur qui doit lui-même être transformé !

L'homme ne sera pas heureux à cause de ce qu'il aura fait ou subi ; mais il commence à être heureux parce qu'il devient semblable à Dieu et il le sera complètement lorsque la ressemblance sera devenue parfaite. Celui qui ne commence pas à être heureux pendant qu'il est persécuté pour la justice ne recevra pas le bonheur comme récompense d'avoir été persécuté…

Le bonheur à la taille d'une âme passionnée d'héroïsme, voilà le seul que promette le Christ à ceux qui veulent le suivre. Le premier travail du christianisme, c'est de nous faire, si bas qu'il doive nous prendre, une telle âme. Aussi ne se propose-t-il pas à nous comme une recette pour être infailliblement heureux, mais comme une initiation à la vraie grandeur[7].

---

7. Yves de Montcheuil, *Mélanges théologiques* (Théologie, 9), Paris, 1946, p. 183-184.

Réflexion — actualisation

1. Je prends le temps de relever des événements survenus dans ma vie où j'ai été faussement accusé en raison de mon attachement à Jésus.

2. Je revois des événements où j'ai été ridiculisé à cause de ma foi. Quelle a été ma réaction profonde ?

3. Je me rappelle quelques événements où j'ai été remis à ma place à cause de mon indiscrétion, de mon orgueil, etc. Quelle a été ma réaction première ?

4. Ai-je déjà été, à l'occasion, assez habile à distribuer quelques « petits coups d'épingle religieusement donnés » ?

Conclusion

LA VISITE GUIDÉE s'achève, mais l'excursion n'est pas terminée. Au contraire, elle ne fait que commencer. *« Ça ne suffit pas de dire... pour entrer dans le Royaume... Il faut faire... »* (Mt 7,21).

Les béatitudes, loin d'être un point d'arrivée, sont un signal de départ, une mise en route. Loin d'être une fade consolation, un encouragement à la morosité, cet enseignement de Jésus est un appel à la transformation du cœur pour changer le monde. C'est le chemin de la marche à la suite de Jésus. Si nous sommes pauvres de cœur, si nous sommes affamés et assoiffés de justice ou de sainteté, si nous sommes purs quant au cœur, si nous vivons la douceur, la miséricorde, et si nous sommes des artisans, des bâtisseurs de paix, si nous sommes capables de porter la consolation de Dieu et si nous endurons d'être rejetés parfois et d'être mal compris parce que nous sommes disciples de Jésus, nous avons alors l'assurance d'être sur la bonne route.

À nouveau, aujourd'hui, retentit l'invitation de Jésus : *« Viens, suis-moi... »* (Mt 19,21) ; *« Lève-toi et marche... »* (Mt 9,5). Il faut agir. *« Quiconque fait la volonté de mon Père qui est aux cieux, c'est lui mon frère, ma sœur, ma mère »* (Mt 12,50). Et le modèle à suivre est Jésus lui-même : « *Au disciple il suffit d'être comme son maître* » (*Mt* 10,25). Aussi bien le rappeler clairement : cette route des béatitudes mène au Golgotha !

En marche !

Si tu es conscient de ce qu'il faut changer dans ta vie, si tu reconnais ta misère, ton péché, ton erreur, si tu es affligé par les travers de ton cœur... marche, avance, car tu as un cœur de pauvre et le ciel est pour toi.

Si tu es attentif à la Parole de Dieu, si tu t'efforces de vivre l'Évangile, de bien pratiquer ta religion, de respecter les engagements de ton baptême... marche, avance, car tu as faim et soif de justice, faim et soif de sainteté, et tu seras sauvé.

Si tu reconnais tes fautes, si tu admets que tu t'es trompé de route, si tu te reprends sans te laisser décourager par tes erreurs, si tu t'en confesses dans la vérité et en demandes sincèrement pardon au Seigneur, si tu travailles à te convertir jour après jour... marche, avance, parce que tu es pur quant au cœur et tu verras Dieu.

Si tu maîtrises ton caractère, si tu ne t'emportes pas pour rien, si tu te laisses adoucir au gré des événements que tu traverses et au contact des personnes que tu rencontres... marche, avance, car tu deviens doux et tu hériteras de la Terre promise.

Si tu résistes à la vengeance, si tu déracines de ton cœur la rancune, la haine, et si tu décides de pardonner plutôt que d'engager la guerre et d'entrer dans le cercle vicieux et infernal de la violence... marche, avance, car tu deviens miséricordieux et Dieu se laissera attendrir le cœur pour toi.

Si tu fuis l'hypocrisie comme la peste, si tu apprends à faire confiance aux autres, si tu respectes la réputation de ton prochain, si tu as tendance à découvrir le bien en l'autre plutôt que de vouloir toujours épingler ses défauts... marche, avance, car tu es un bâtisseur de paix, tu favorises le plein de vie et Dieu te reconnaîtra comme son enfant.

Si tu te fais proche de ceux et celles qui souffrent, si tu apportes réconfort et consolation aux personnes qui sont dans le deuil, si tu crois que nous sommes faits pour la résurrection et non pour la réincarnation, si tu crois que le Christ est Vie et Résurrection... marche, avance, car Dieu te réconfortera et te consolera au milieu de tes épreuves.

Si tu acceptes de mourir à toi-même quotidiennement pour t'ajuster toujours davantage à la Parole de Dieu, si tu hérites du sort même de Jésus qu'on a persécuté pour sa fidélité à la volonté du Père... marche, avance, car le Royaume des cieux t'est réservé.

Si tu acceptes d'être considéré comme démodé, si tu ne dévies pas de ta route malgré les commentaires acerbes des personnes qui suivent les idées à la mode plutôt que de suivre Jésus, si ta réputation est entachée parce qu'on répand plein de calomnies sur ton compte à cause de ton attachement au Christ, si tu continues d'afficher ta foi et de la vivre parce que tu crois sincèrement que le Christ mérite qu'on se fie à lui en raison des preuves de son amour pour nous… marche, avance, car une récompense superbe t'attend dans les cieux…

Marche, avance sur cette route des béatitudes et rappelle-toi toujours : *« Un petit peu plus que moins… »*

Bibliographie

AMAR, Yvan, *Les Béatitudes,* Éd. du Relié, Avignon, 1996.

CALMEL, R.-Th., *Sur nos routes d'exil. Les Béatitudes,* NEL, Paris, 1960.

CARRÉ, A.-M., *Quand arrive le bonheur. Les Béatitudes,* Cerf, Paris, 1974.

COLLARD, Aubert, *Alerte au bonheur. Les Béatitudes,* Éd. Saint-Paul, Paris, 1987.

COSTE, René, *Le Grand Secret des béatitudes,* SOS, Paris, 1985.

DU BUIT, M., *Sermon sur la montagne,* Salvator/Mulhouse, Bar-le-Duc, 1977.

DUPONT, Jacques, *Les Béatitudes,* tome 2, Gabalda, Paris, 1969.

DUPONT, Jacques, *Les Béatitudes,* tome 3, Gabalda, Paris, 1973.

DUPONT, Jacques, *Le Message des béatitudes,* Cahiers Évangile, 24, Éd. Cerf, Paris, 1978.

DUMAIS, Marcel, *Le Sermon sur la montagne. État de la recherche, interprétation, bibliographie,* Paris, Letouzey et Ané, 1995.

DUMAIS, Marcel, « Sermon sur la montagne », dans *Supp. Dict. Bible* XII 69 (1994), col. 787-789.

ÉPHRAÏM, *Sept paroles pour un bonheur,* Éd. des Béatitudes, Nouan-le-Fuzelier, 1997.

En coll., «Béatitudes et malédictions», *La Vie spirituelle* (698), Cerf, Paris, 1992.

En coll., «Les Miséricordieux», *La Vie spirituelle* (699), Cerf, Paris, 1992.

En coll., «Soif de justice et de paix», *La Vie spirituelle* (700), Cerf, Paris, 1992.

En coll., «Les Cœurs purs», *La Vie spirituelle* (701), Cerf, Paris, 1992.

En coll., «Les Doux», *La Vie spirituelle* (702), Cerf, Paris, 1992.

En coll., «Les Béatitudes : le bonheur inversé», *Lumière et vie* (234), Lyon, 1997.

Gelin, Albert, *Les pauvres que Dieu aime,* coll. Foi vivante, n° 41, Cerf, Paris, 1967.

Gourgues, Michel, *Foi, bonheur et sens de la vie. Relire aujourd'hui les béatitudes,* Médiaspaul, Montréal/Paris, 1995.

Jeremias, Joachim, *Paroles de Jésus. Le Sermon sur la montagne. Le Notre-Père,* coll. Foi vivante, n° 7, Cerf, Paris, 1969.

Ladame, Jean, *Les Béatitudes,* CLD, Chambray, 1984.

Lambrecht, Jan, *«Eh bien! Moi je vous dis». Le discours-programme de Jésus,* Lectio divina (125), Cerf, Paris, 1986.

Le Guillou, M.-J., *Qui ose encore parler du bonheur?* Mame, 1991.

Martini, Carlo-M., *Les Béatitudes,* Éd. Saint-Augustin, Saint-Maurice, 2000.

Monier, Pierre, *Le Sermon sur la montagne,* Cerf, Paris, 1985.

Rérolle, Bernard, *Dynamique des Béatitudes,* Centurion, Paris, 1993.

Rouet, Albert, *Le Christ des béatitudes,* Saint-Paul, Versailles, 1997.

SIX, Jean-François, *Les Béatitudes aujourd'hui,* Seuil, Paris, 1984.

TALEC, Pierre, *L'Annonce du bonheur.Vie et béatitudes,* Centurion, Paris, 1988.

TRUCHON, Raymond, *Aujourd'hui les béatitudes,* Éd. Anne Sigier, Sillery, 1979.

VARILLON, François, *Éléments de doctrine chrétienne,* tome 1, Livre de vie (65), Éd. de l'Épi, Paris, 1995.

*T*able des matières

Préface 9

Introduction 11

Chapitre 1 : « Soyez parfaits comme votre Père céleste... » 15

Chapitre 2 : La notion du bonheur... 21

Chapitre 3 : « Bienheureux... bienheureux... » 31

Chapitre 4 : « Bienheureux les pauvres... » 37

Chapitre 5 : « Bienheureux les affamés et assoiffés de justice... » .53

Chapitre 6 : « Bienheureux les purs quant au cœur... » 71

Chapitre 7 : « Bienheureux les doux... » 91

Chapitre 8 : « Bienheureux les miséricordieux... » 111

Chapitre 9 : « Bienheureux les artisans de paix... » 137

Chapitre 10 : « Bienheureux ceux qui pleurent
         (les endeuillés)... » .167

Chapitre 11 : « Bienheureux les persécutés... » 187

Conclusion 201

Bibliographie 205

S | **AGMV** Marquis

MEMBRE DE SCABRINI MEDIA

Québec, Canada
2002